Le D.r Majunke

(Censure ecclésiastique)

La Fin de Luther

traduit

179339

par l'Abbé Schienker

LA

FIN DE LUTHER

IMPRIMERIE GÉNÉRALE DE CHATILLON-SUR-SEINE. — PICHAT ET PEPIN.

LA
FIN DE LUTHER

PAR

Le Dr MAJUNKE, Curé de Hochkirch (Silésie)

ANCIEN RÉDACTEUR EN CHEF DE LA « GERMANIA »

TRADUIT DE L'ALLEMAND

Par l'Abbé SCHLINCKER

PARIS

H^{te} WALZER, Libraire-Éditeur

7, RUE DE MÉZIÈRES, 7

1893

PRÉFACE DU TRADUCTEUR

Il y a quatre ans, paraissait en Allemagne une brochure, dont le sujet — *le Suicide de Luther* — devait attirer l'attention de ceux qui étudient le Protestantisme, ou simplement s'intéressent à l'histoire. L'auteur, M. Paul Majunke, s'était déjà fait un nom dans les lettres. Ancien député au Reichstag, rédacteur du principal journal catholique de son pays, historien estimé, il avait autorité et qualité pour traiter un pareil sujet. Un second ouvrage, puis un troisième en réponse aux objections et aux diatribes, vinrent appuyer la thèse, nouvelle en apparence, mais fondée sur d'anciens et recommandables témoignages. Cette thèse venait tard, peut-être, mais faut-il en vouloir à l'histoire, si les luthériens et la censure fébronienne et joséphiste ont détruit certains documents originaux dont elle avait gardé la trace, mais dont elle devait ressusciter tout l'esprit à défaut de quelques textes? Enfin, une quatrième publication, *Testament de Luther au peuple allemand*, vient d'avoir une seconde édition.

Le public allemand a été profondément ému de ces révélations, et le Protestantisme n'a su y opposer que le témoignage traditionnel de ses témoins officiels — qui n'ont pas vu Luther à sa mort.

Le « saint » protestant, homme tout prestigieux, perd son prestige, s'il est prouvé qu'il est mort d'une façon « diabolique ». Les saints meurent tout autrement.

Nous avons pensé que le public français ne se désintéresserait pas de cette question historique : c'est pourquoi nous avons traduit la première brochure de M. Majunke, y ayant trait.

A l'encontre de l'auteur et par la raison opposée, mais légitime en France, la plupart des textes latins ont été traduits.

Paris, 1ᵉʳ septembre 1893.

Le Traducteur.

Dans l'édition populaire de mon *Histoire du Culturkampf* récemment parue, j'avais cité au cours de l'Introduction historique un passage des « Hamburger Briefen » (Berlin. Journal « Germania. ») Il y était dit que Luther n'est pas mort de mort naturelle. (Voyez l'appendice E.)

Comme je le donnais, personnellement, pour un *fait historique*, il m'a été fait de divers côtés un grand nombre de questions, pour savoir s'il était possible de prouver cette affirmation, et comment.

Voici la réponse : c'est cette brochure que j'adresse à mes interrogateurs ; peut-être même intéressera-t-elle un public plus étendu.

Chez les protestants, point de relâche : ils en sont toujours à déblatérer contre nous, catholiques, les plus détestables mensonges. Naguère encore, chez les tenants de l' « Alliance Evangélique » n'était-il pas question de « mauvais papes », de « l'arrogance et de la fourberie romaine » ? — sans parler des scandales dus à la frénésie du pasteur Thummel.

A notre tour, de dédier particulièrement aux membres de cette « Alliance » quelques pages de l'Histoire de leur « Eglise », quelques pages sans mensonges historiques, sans arrogance ni fourberie, mais que la littérature protestante a accoutumé de mettre à l'écart ou de tenir cachées.

Cette publication n'est pas pour le peuple,

elle n'a été faite qu'en vue du public scienti-
fique. Aussi n'ai-je pas traduit les textes latins.

Hochkirch, près Glogau, 14 novembre 1889.

L'Auteur.

TABLE

LA
FIN DE LUTHER

RELATION CONVENUE DE LA MORT DE LUTHER

A peine Luther avait-il rendu l'esprit, la nuit du 17 au 18 février 1546, dans sa ville natale, Eisleben, où il avait, à son profit, ménagé l'arrangement d'une querelle survenue entre les comtes de Mansfeld [1], que trois prédicants qui se trouvaient près de lui, son *famulus* Aurifaber, Justus Jonas de Halle, et Michel Cœlius (prédicant de la cour de Mansfeld) s'associaient pour fabriquer une relation commune de la mort et des derniers moments de leur maître.

Que cette relation ait été nécessitée par divers bruits qui circulèrent sitôt Luther mort, au sujet de la manière dont il avait fini, c'est ce qui res-

1. A propos de mines de cuivre. (*Note du Traducteur.*)

sort de l'éloge que Michel Cœlius cónsacra au défunt le 20 février.

« Il n'est pas encore enterré, disait l'orateur,
» et il n'y avait pas encore un jour qu'il s'était
» éteint, que des gens se rencontraient, possédés
» de l'esprit mauvais, pour raconter qu'il avait
» été trouvé mort dans son lit. Et je ne puis douter
» que celui qui est menteur depuis le commen-
» cement [1] n'invente de nouveaux mensonges
» plus pernicieux encore. Car il n'y a plus rien à
» faire avec Luther, mais seulement avec son en-
» seignement. »

De quelle espèce, les mensonges « plus pernicieux encore » pouvaient-ils être, ou quelle por-
tée avaient-ils déjà, le prédicant ne le disait pas,
mais ce qui prouve que ces mensonges « plus pernicieux » devaient avoir eu cours, c'est que l'orateur, après avoir ensuite raconté « le véritable état
des choses » à la mort de Luther, éprouve encore et finalement le besoin de sermonner les
« menteurs », à grand renfort de pathos.

Avant tout, le « véritable état de choses » devait être celui-ci : Luther aurait vécu ses derniers
moments au milieu de prières faites à voix haute
et de sentences bibliques ; plusieurs fois il aurait
récité des passages des Psaumes, et dit textuellement : « In manus tuas commendo spiritum meum :

1. Allusion au texte de S. Jean, VIII, 44. (*N. du Trad.*)

redemisti me, etc. (Psalm. xxx); à la fin le docteur Jonas et l'orateur Cœlius l'auraient interrogé
une fois encore d'une voix pénétrante : « Père ré-
» vérend, voulez-vous mourir en Jésus-Christ no-
» tre Seigneur, et reconnaître les enseignements
» que vous avez donnés en son nom ? » le moribond aurait distinctement répondu : « Oui »,
et là-dessus « il se prit à dormir un demi quart
» d'heure, poussa un profond soupir, et en même
» temps rendit l'esprit, en douceur, en paix, avec
» une grande patience [1]. » Immédiatement après
ce récit, Cœlius se retourne de nouveau vers les
« menteurs. » Dieu sait, dit-il, Dieu, devant
» qui nous le prenons sur notre conscience, sait
» qu'il en est ainsi advenu de sa mort, non
» point d'une autre manière : c'est ainsi qu'on l'a
» rapporté dans une « Historia » [2] et qu'on va le
» publier à grands frais. » Il conclut : « J'ai raconté
» tout cela pour imposer silence au diable et à des
» langues de mensonge, de telle sorte que si quel-
» qu'un vient à en parler autrement qu'on vient
» de l'entendre, on n'en fasse point d'état et on
» n'y ajoute pas foi. Car moi et d'autres qui y

1. Audin (*Histoire de Luther*, tom. III) lui-même, accrédite
ce récit. (*Note du Traducteur.*)

2. La relation de Jonas, Aurifaber et Cœlius, est — cela
se comprend — en parfait accord avec celle de Cœlius. —
Jonas et Cœlius étaient prêtres. Aurifaber ne reçut que la
prétendue ordination luthérienne.

» étions, nous voulons en être les témoins vi-
» vants ; celui qui voudra nous croire, tant mieux
» pour lui ; celui qui ne voudra pas, qu'il s'en
» aille mentir et tromper en cherchant aventure.
» Je sais, Dieu en soit loué, que j'ai rendu témoi-
» gnage à la vérité. »

Il devait y avoir eu des bruits bien dignes de
considération, puisque le prédicant de Mansfeld
se mettait en défense contre eux, en les attaquant
si violemment, à tant de reprises, et avec la pré-
somption avouée qu'il ne les arrêterait pas. Bon
gré, mal gré, il fallait que la fin de Luther eût été
très calme et naturelle. Aussi les trois théologiens entreprenaient-ils, en présence du corps de
Luther, de composer ensemble, pour le présent et
l'avenir, une « *Historia* » où se retrouve presque
mot à mot le récit de Cœlius [1]. »

1. En outre, Jonas faisait une relation spéciale pour le
prince électeur de Saxe. Cette lettre sera publiée plus tard,
elle aussi. Naturellement, la publication de cette pièce va
de pair avec celle de l'Historia. Mais il est permis de douter, — malgré Seckendorf qui a découvert aux archives de
Weimar, la lettre de Jonas « manuscrite » et « au net »
— que l'original ait la même teneur que le texte imprimé.
D'ailleurs, en faveur de notre reproduction ultérieure, il y
a une circonstance du plus haut intérêt : c'est que, pendant que l'Historia mentionne expressément parmi les
serviteurs de Luther qui étaient près de lui, à Eisleben, un
certain Ambroise, avec d'autres, la lettre de Jonas à l'Electeur fait ressortir qu'outre cet « Ambroise » il y avait dans
l'entourage de Luther « un ou deux » autres serviteurs.

A dire vrai, les auteurs avaient joué un bon tour avec cette « Historia. » La voilà répandue aussitôt en feuilles volantes à cent mille exemplaires, envoyée aux cours [1], traduite en langues étrangères. Plus tard on l'insère (en conclusion) dans les œuvres de Luther, et depuis lors jusqu'à nos jours, elle sert à tous les biographes protestants comme une haute source historique sur la mort de Luther [2].

[1]. Entre autres, au duc Albert de Prusse qui la renvoya à l'évêque d'Ermland, afin qu'il pût ainsi « redouter beaucoup moins l'erreur. » (Hipler, *Nicolas Copernic et Martin Luther*. Braunsberg 1868, p. 59.) En tout cas, le fait, que l'on se défendait des « faussetés » sur la mort de Luther jusque dans Kœnigsberg, est bien caractéristique.

[2]. Par exemple, au professeur Kœstlin. Tout son livre sur Luther n'est d'ailleurs qu'une compilation diffuse, ne révélant aucune trace de critique historique. La connaissance imparfaite de la théologie en cours avant Luther, et surtout l'ignorance de la dogmatique et de la morale chrétiennes, ont conduit l'auteur à idéaliser Luther, non à le peindre d'après nature. Ce défaut est commun à Kœstlin et à presque tous les biographes protestants de Luther. Mais ce qui est par trop ridicule, c'est lorsque, à la fin de son ouvrage, il fait cette remarque, très personnelle cette fois : « Luther a ébranlé pour toujours jusque dans ses fondements, la suprématie romaine jusque-là toute-puissante. » Parler de la sorte aujourd'hui, alors que l'œuvre de Luther s'en va au devant de la décomposition à pas de géant, et que la puissance de Rome sur les âmes est plus forte que jamais depuis trois siècles, c'est donner à croire qu'on estime la raison, style Luther, une « prostituée de Babylone. »

LES BRUITS SUR LA MORT DE LUTHER

On se demande maintenant quels étaient ces
bruits qu'on avait répandus autour du cercueil de
Luther, sur la manière dont il était mort. Il faudrait plutôt demander d'abord, qui avait lancé ces
bruits, ou qui les avait fait circuler ? Cœlius dit
que les auteurs de ces inventions malveillantes,
diaboliques même, ne pouvaient être que les « papistes. » Mais alors, comment ceux-ci sont-ils venus à Eisleben, la ville luthérienne où, en 1546,
la « liberté » de la doctrine chrétienne », floris-
sait à tel point qu'un « papiste » ne pouvait plus
vivre dans ses murs ? [1] Comment auraient-ils pu

1. Dans *La Réforme* de Dollinger I, p. 27, il est prouvé
d'après les lettres de Georges Wizel, qu'en 1533 il y avait
« à peine dix catholiques » à Eisleben. Encore ne prati-
quaient-ils pas en public, par peur des luthériens. C'est
en 1538 que mourait le dernier des comtes de Mansfeld catholiques.

pénétrer dans l'entourage immédiat de Luther, soit dans le cercle des théologiens et de la noblesse d'Eisleben, soit à son service personnel? Etant donné la persistance des bruits en question, ils ne pouvaient sortir que de cet entourage, auquel cas ils pouvaient s'étendre avec la plus grande facilité dans la ville et les environs.

Donc, les auteurs de ces bruits ne pouvaient être que des *partisans* de Luther. Assurément ils n'auraient rien dit, rien déclaré, si une occasion soudaine, sortant de l'ordinaire, ne les avait forcés de donner réponse au public qui les accablait de questions sans nombre.

Dans de telles conjonctures, Maître Cœlius montrait beaucoup d'imprudence à croire qu'avec son tintamarre il « imposerait silence au diable et à ses langues de mensonge. » Il ne sut qu'éveiller des soupçons sur cette affaire, et rendre les oreilles sourdes à son récit. Il semble même s'être repenti assez tôt de son peu de circonspection, puisque, dans l'*Historia* imprimée, qu'il avait terminée et signée de concert avec Jonas et Aurifaber, l'un plus rusé, et l'autre plus souple que lui, il n'est plus question de ces fameuses rumeurs. Comme nous l'avons mentionné plus haut, cette *Historia* est demeurée la première source historique sur la mort de Luther pour les biographes protestants.

Voilà pourquoi ces bruits auraient été étouffés dans la controverse protestante si des écrivains catholiques ne les avaient enregistrés et ne les avaient tenus pour croyables, ou même proposés comme des *faits* d'histoire.

De quelle nature donc étaient ces propos que l'on se glissait tout bas à l'oreille ? Quoiqu'ils différassent entre eux dans les détails, il leur restait cependant un fonds commun de concordance. C'est-à-dire que sur le point capital ils s'accordaient tous, à savoir que Luther avait fini d'une façon « tout à fait soudaine, inattendue, et ce qui plus » est, lamentable [1]. »

Luther était arrivé à Eisleben le soir du 28 janvier. Le 29 il s'occupait déjà d'affaires dans l'intérêt de celui qui le patronnait, le comte Albert de Mansfeld. En outre, depuis ce jour jusqu'à celui de sa mort, il avait « prêché » quatre fois et même « ordonné et consacré [2] » deux « prêtres [3] ».

Le soir du 17 février, il prenait encore son re-

1. Dans *Inquisition wahrer und falscher Religion*, Dollingen 1573, Eder va jusqu'à citer le témoignage de Mélanchton en faveur de la mort *subite*.

2. La célèbre Historia donne sans doute à cette « ordination » la même considération qu'aux quatre sermons ; elle ajoute qu'elle a eu lieu « selon l'usage apostolique ! »

3. Il faudrait citer ici la lettre que Luther écrivit le 1er février « Vigilia Purificationis » pour annoncer son arrivée à Eisleben, à sa « chère femme » dont il décline les ti-

pas, comme d'habitude, au dire de l'*Historia* :
le 18, au matin, il n'était plus qu'un cadavre.
Alors qu'il était connu de tous que Luther, non
seulement aimait bien manger et boire, mais encore, qu'il allait jusqu'à l'intempérance — lui-
même s'était targué de « manger » comme un
Bohémien et de « boire » comme un Allemand [1] —
n'était-il pas naturel que le bruit se répandît aussitôt que pour avoir trop bien soupé, il avait été
enlevé par une apoplexie ? (sans compter que
ses forces physiques s'étaient affaiblies).

On peut lire dans Cochlaeus (*De actis et scriptis
Lutheri* ; Mayence 1546, Paris et Cologne 1565,
p. 298 et suivantes) un récit d'un bourgeois de
Mansfeld qui donne de nombreux détails différents
de ceux de l'*Historia*. D'après ce document, le
soir qui précéda sa mort, Luther aurait égayé ses

tres suivants : « Katharin, Lutherin, Doctorin, Zulsdorferin,
Saumarkterin » etc. — Appellations tendres que le français
« trahirait » même en traduisant ainsi : « à Catherine
Luthère, Doctoresse, Zulsdorfienne et porchère. » Dans le
corps de la lettre, il lui apprend qu'il a pris froid pendant
le voyage, malgré sa « barrette, » qu'il « boit de la bière
de Neunburg à sa soif. » — En outre, quelques détails assez
crus sur les « belles Eislebiennes », et d'autres sur sa diges-
tion. (*Note du Traducteur.*)

[1]. Dans l'original, « fressen » et « saufen, » qui désignent
les fonctions nutritives et gastronomiques chez les ani-
maux. Le français n'a point l'équivalent. (*Note du Traducteur.*)

compagnons de table par ses plaisanteries d'usage, mais, vers huit heures, il se serait trouvé comme indisposé. Après minuit, les deux médecins d'Eisleben auraient été mandés tout à coup près de lui. Ceux-ci, à leur arrivée n'auraient plus trouvé signe de vie en lui : « Post medium noctis repente » vocati sunt duo medici, quorum alter doctor alter » magister erat [1]; qui ubi advenerunt, non repe- » rerunt in eo ullum amplius pulsum [2]. Scripse- » runt tamen mox Receptum quoddam pro immit- » tendo clisterio seu enemate. » Puis ils auraient envoyé quérir un clystère chez l'apothicaire. Le récit continue : « Is ubi advenit, et medicorum » jussu temperasset atque calefecisset clisterium, » putabat illum adhuc vivere. Cumque versum es- » set corpus, ut ei clisterium applicaretur, apothe- » carius videns eum mortuum jam esse, ait ad » medicos : Mortuusest, quid opus est enemate ! » Aderat comes Albertus et nonnulli homines eru-

1. Le Maître s'appelait Simon Wilf, et le Docteur, Louis, d'après Jean Nas et le P. de Coster. (*Luthers Testament.* p. 195). (*Note du Traducteur.*)

2. Le bruit dut se répandre et se maintenir pendant longtemps que Luther avait trépassé aussitôt après minuit, ou un peu avant. Car parmi les nombreuses médailles qui furent frappées à l'occasion de sa mort, il y en a une de 1622, frappée à Eisleben, qui porte le 17 février comme date de la mort. (Cf. *Vita Lutheri* nummis atque iconibus illustrata. Francofurti et Lipsiæ 1699, p. 177 et suiv.) (*Note de l'Auteur.*)

» diti. Responderunt autem medici : « Quid tum?
» Appone clisterium si forte supersit ullus adhuc
» spiritus, ut reviviscat. » Ille ergo cannulam
» apponens, sensit in saccum clisterii exire quas-
» dam ventositates et bombos. Erat enim *totum*
» *corpus refertum humoribus ex superfluo cibo*
» *potuque*. Habuerat enim coquinam magnifice
» instructam et vinum dulce atque exoticum per-
» multis metretis abundans in hospitio. Ajunt
» sane, Lutherum, omni prandio et cœna unum
» ebibisse sextarium (plusieurs bouteilles) vini
» dulcis et exotici [1]. Ubi igitur apothecarius clis-
» terius in corpus torsit, totum refusum est e cor-
» pore in lectum, qui splendide praeparatus erat.
« Ait itaque medicis apothecarius: « Non remanet
» clisterium» — dixerunt illi « Omitte igitur [2]. »

» A ce moment, les deux médecins furent d'un
» avis différent sur le genre de mort. Celui qui

1. Les contemporains de Luther ont beaucoup parlé de
sa coupe « poculum catechisticum. » Elle était un mystère
pour eux. Nous avons entendu dire qu'elle est maintenant
le bien de la franc-maçonnerie, où elle a passé d'une col-
lection de Gambetta. Voir sur ce « goubelet » de « deux
pintes » Garasse, « *Doctrine Curieuse,* » p. 772 773; Fitz
Simon « *Britannomachia* » lib. I, c. xi, p. 95; Matenesius
« *De ritu bibendi,* » lib. I, c. ix, p. 76. (*Note du Traducteur.*)

2. La plume se refuse à traduire ce texte latin jusque-là,
— le pourrait-elle honnêtement? — à cause des détails
que comporte le langage d'apothicaire. Pour ce qui suit,
nous donnons d'abord la traduction. (*Note du Traducteur.*)

» était docteur, croyait à une apoplexie : à cause
» de la *contorsion de la bouche* et de la *noirceur*
» de tout le côté droit. Celui qui était maître, esti-
» mait qu'un homme aussi saint ne pouvait avoir
» été frappé d'apoplexie par Dieu, et que c'était un
» catarrhe *suffocant* qui l'avait *étouffé*. Cela fait,
» il vint d'autres personnes, tous les comtes aussi.
» Jonas, lui, était assis au chevet du défunt, et se
» lamentait grandement, se tordant les mains et
» gesticulant. Comme on lui demandait si Luther
» s'était plaint de quelques douleurs la veille au
» soir, (on était déjà au commencement du jour,
» au jeudi 18 février [1]), il répondit :

« Oh, non ! car hier, il était plus joyeux que
» jamais. Ah ! Seigneur Dieu, Seigneur Dieu [2] ! »

1. Voir la note 2, de la page précédente.
2. « Contenderunt autem inter sese suo illi medici de
» genere mortis. Doctor dicebat apoplexiam fuisse: visa est
» enim *tortura oris*, et dextrum latus totum *infuscatum*.
» Magister vero qui putabat tam sanctum virum non de-
» bere manu Dei per apoplexiam interimi, dicebat fuisse
» catarrhum suffocativum et per viam *suffocationis* mor-
» tem intrasse. His ita peractis, advenerunt alii quoque,
» comites omnes. Jonas vero sedens ad caput defuncti, ve-
» hementer lamentabatur, manus invicem contorquens et
» jactitans.

« Interrogatus ergo, an Lutherus hesterno (jam enim ini-
» tium erat dici sequentis quæ erat feria quinta et fe-
» bruarii decima octava) vespere conquestus de aliquo fuis-
» set dolore, respondit ille : « Ah non ! fuit enim heri ita
» lactus, sicut nunquam fit. Ah Domine Deus, Domine

Le récit dit ensuite que l'on fit de nouveau des
tentatives pour le rappeler à la vie, mais qu'elles
demeurèrent sans résultats. Ne sont-ils pas d'une

» Deus ! » — L'auteur, dans *Luthers Testament*, montre par
de nombreux témoignages, combien il a été difficile aux
protestants de déterminer la maladie de Luther : Le docteur Brück, chancelier de l'électeur de Saxe, écrit à celui-ci
que Philippe Mélanchton l'a renseigné sur la maladie de
Luther — une oppression de poitrine — qu'il avait guérie
l'année précédente par de l'écorce de grenade. Luther n'a
pas été étouffé par un catarrhe, comme on le pense com-
munément (Archives de Weimar). Mélanchton, lui, dans une
leçon du 19 février 1546, disait à ses auditeurs de Wittenberg, que le 17 février, Luther commença de ressentir à
nouveau les atteintes de son mal chronique, l'oppression
des humeurs à l'orifice du ventricule « nempe oppressione
humorum in orificio ventriculi. » (Cf. *Historia de vita et
actis Rev. viri D. Mart. Lutheri*... conscripta a Phil. Me-
lanchtone). Le même écrit à Nicolas d'Amsdorff « évêque »
de Naumburg, ami et correspondant de Luther : « Quoique
» nous ne sachions pas de quel mal il est mort, j'ai cepen-
» dant ouï dire que dans son voyage (de Wittenberg à Eis-
» leben) il n'a pas été bien portant. » (Lettre du 19 février
1546.) Ce sentiment de Mélanchton nous est rapporté par
un autre médecin, nommé Manlius, dans son *Libellus me-
dicus*, Bâle, 1555, page 745. Si l'on en croit celui-ci, Mélanchton aurait dit un jour : « Quand il est mort, on a dit
» que c'était d'apoplexie. C'est à tort, car il est mort de la
» maladie dont j'ai parlé. » Par cette maladie qu'il a nom-
mée plus haut, il faut entendre ceci : «Argumentabar, nihil
» potest esse nisi humor, in orificio ventriculi ascendens :
» unde est tanta compressio, et ille morbus vocatur καρ-
» διακή. » Par ailleurs, Mélanchton écrivait aussi à Vitus
Theodorus : « Non apoplexia, non asthmate exstinctus est,
» quae mala saepe metuimus, sed humore in orificio ventri-

rareté inouïe ces moyens employés pour ressusciter un mort que l'*Historia* affirme s'être endormi
« dans la joie et la suavité du Seigneur »?

Non moins remarquable est le passage suivant

» culi versus pectus impulso. Ante annum, et nuper in hoc
» itinere sensit initia λειποθυμίας » (Corp. Ref. VI, 68).
Voici maintenant pourquoi le mal l'a emporté : « Quia
» pectus alioqui magis repletum fuit lentis humoribus. » —
le cœur s'est trouvé rempli d'humeurs lentes. Comment
accorder ces données avec ce que le *civis Mansfeldensis* rapporte des opinions divergentes des deux médecins d'Eisleben? Notez que Mélanchton, moins encore que les deux médecins, n'a pas vu mourir Luther. Quant au médecin particulier de l'électeur, Ratzeberger, voici son avis, extrait
d'une de ses lettres (Neudecker, p. 138). « Mélanchton, dit-
» il, pense que Luther est mort de la maladie appelée par
» les médecins *Cardiogmum*. Mais d'autres disent qu'il avait
» une fluxion à la jambe — d'où obstruction ascendante —
» et, en retour, chagrin pénible et mélancolique. Voilà où
» gisent les causes de sa mort. Dieu n'a pas voulu lui lais-
» ser la vie *in suo anno climacterio qui senibus ut plu-*
» *rimum est fatalis...* En définitive le chagrin et les sou-
» cis ont causé sa maladie et sa mort. » Ce Ratzeberger
avait appliqué à Luther un cautère à la jambe gauche :
son client en avait ressenti « beaucoup de lourdeurs à la
tête et des vertiges. » (Neudecker, p. 136). Mais ce médecin n'attribue pas sa mort « à la suppression du cautère »,
comme semble le croire le D. Hœfer dans sa *Biographie gé-*
nérale publiée par Firmin Didot. Dans l'hypothèse, Luther
aurait laissé ce cautère à Wittenberg. Un fait curieux, c'est
que Mélanchton qui fait l'entendu et se prétend bien renseigné, ne parle même pas de ce mal de jambe, alors que
Luther lui avait écrit le 14 février pour lui demander « mo-
diculum corrosivæ istius qua crus meum aperiri solet. » At-

du même récit : « Luther avait chez lui comme
» familier un certain *magister*. Interrogé par les
» comtes pour savoir si Luther s'était plaint la
» veille, il leur répondit qu'il n'avait pas été de
» longtemps aussi joyeux ; car il racontait cette
» histoire de l'homme affamé qui fit un pacte avec
» le diable pour qu'il lui donnât à manger. Le dia-
» ble lui apporte des viandes en abondance ; il lui
» en donne de bouillies, de rôties. L'homme une
» fois rassasié, le diable lui demande son âme dont
» il lui a fait promesse. Mais l'autre, de répondre
» qu'il veuille bien attendre jusqu'à ce qu'il meure ;

tribuer la mort à ce cautère, cela lui paraissait une chose
frivole.

Conclusion : Luther avait un cautère à la jambe gauche ;
Luther avait pris chaud et froid dans le trajet de Wittenberg à Eisleben ; Luther souffrait de la poitrine, du cœur, etc.
— ce qui ne l'empêchait pas de bien manger et boire et de
se livrer aux joyeusetés. — On a cru à une apoplexie, à un
excès de chagrin et de tracas. Mais alors... quoi encore ?
pourquoi Jonas et consorts n'ont-ils pas utilisé ces explications ? Pourquoi n'y ont-ils pas eu recours pour prouver la
mort naturelle de leur « Révérend Père ? » Recourir comme
Ratzeberger et Mélanchton (venus après coup dans l'affaire)
à un état pathologique antérieur, c'est se mettre en dehors de la critique. Outre que ni le *cardiogmum* ni la mé-
lancolie n'expliquent physiologiquement la *contorsion de la
bouche*, il répugne pareillement d'admettre que le cautère
à la jambe gauche ait pu causer le « noir » sur le flanc
droit ! Il reste que l'hypothèse la plus probable c'est celle
de l'*apoplexie* : — mais de quelle sorte ? (*Note du Traducteur*.)

» ce n'était pas son corps, mais son âme qu'il lui
» avait promis. A quoi le diable met le holà :
« Est-ce que celui qui achète le cheval, n'achète
» pas le frein avec? » « Si fait, dit l'homme. » Et
» le diable d'argumenter par cette inférence : « Le
» cheval, c'est l'âme ; le frein, c'est le corps. » Et
» là-dessus, il l'enlève *corps et âme* [1]. » A enten-
» dre raconter *cette histoire et beaucoup d'autres*
» *du même genre*, toute la compagnie était en
» liesse [2]. »

1. A la différence du pacte, Luther semble avoir raconté
quelque chose de son histoire à lui. D'après les *Tischreden* il aurait été question non de « viandes » mais de
« vin. » Cf. Michelet, *Mémoires de Luther*. Tom. III, p. 175.
(*Note du Traducteur.*)

« 2. Habuit Lutherus quemdam apud se magistrum fa-
» mulantem sibi. Qui a comitibus interrogatus, an Luthe-
» rus praecedente vespere de dolore aliquo conquestus fuis-
» set. Respondit cum ita laetum fuisse, ut longo tempore
» tam laetus non fuerat. Narrabat enim historiam de quo-
» dam qui se diabolo addixerat, magnam passus famem,
» ut ipsum cibaret. Diabolus ergo procurans abundanter et
» elixas et assatas carnes, ubi vidit eum plane saturatum,
» petiit ab eo animam ipsius, promissam sibi, quia jam sa-
» tur esset. Ille autem respondit expectandum esse, donec
» moreretur. Non enim corpus sed animam ei addixerit.
» Contra vero, ait diabolus : « Nonne qui equus emit, fre-
» num quoque equi retinet? » Annuente illo, intulit diabo-
» lus sic : « Anima equus est, corpus frenum. » Atque his
» dictis, abripuit eum *cum corpore pariter et anima*. Laeti
» itaque fuerunt omnes « qui *haec et id genus plura ab eo*
» *audierant.* »

Plus loin, c'est le tableau de la solennité des funérailles. Le récit s'écarte de l'*Historia* en ce qu'il est dit que plusieurs personnes et docteurs de l'Université de Wittenberg voulaient porter le corps de Luther, d'Eisleben à Wittenberg, depuis la porte de la ville jusqu'à la chapelle du château. A cette fin, on avait fait un brancard tout exprès. Mais à cause de la puanteur pestilentielle [1] que répandait le cadavre, bien qu'on l'eût mis dans un cercueil de métal (d'étain) et qu'il fît un froid glacial, il aurait été impossible de le porter. C'est pourquoi on dut le traîner sur un char jusqu'à la chapelle du château.

Cochlaeus mentionne, sans entrer dans le détail, les bruits qui circulaient sur la mort de Luther. Mais lui aussi rapporte que le défunt, le soir qui précéda sa mort, avait fait un riche souper et provoqué l'hilarité au milieu de ses convives. « Beau-
» coup ont écrit, poursuit-il, de nombreux récits
» sur sa mort. De notre côté, les catholiques racon-
» tent autre chose que ce que disent et écrivent
» les Luthériens. Ceux-ci ont publié d'un commun
» accord de petits écrits qui doivent persuader

1. D'après d'autres relations, cette puanteur avait saturé l'air à Eisleben : si vrai, qu'un vol tout noir d'un millier de corbeaux serait venu accompagner le convoi jusqu'à Wittenberg. Les mystiques ont donné de ce fait une explication tout autre que les naturalistes. (Voyez plus bas la relation de Helmesius, de Thyræus.)

» tout le monde de la sainte mort de leur très
» saint père à tous, comme ils disent [1]. » Ailleurs
(page 298), Cochlaeus dit que l'*Historia* de Jonas
est « mensongère et futile, *mendax et futilis*,
» et qu'elle contient plus d'une sottise, *com-*
» *plures stultitias*, qui vont plus à noircir la
» réputation de Luther auprès des érudits et des
» hommes de cœur qu'à la célébrer, *quae apud*
» *eruditos et cordatos viros Lutheri faman magis*
» *denigrant quam celebrant.* »

Encore qu'on eût distribué partout l'*Historia*
bien connue du lecteur, et les éloges funèbres (en
tirage à part) qu'avaient prononcés Jonas, le 19 février, et Cœlius, le 20, à Eisleben, Bugenhagen
et Melanchton, le 22, à Wittenberg, avec un por-
trait où Luther était représenté dans la gloire des
saints, encore qu'on eût même fait frapper des
médailles commémoratives à la même effigie [2],

---

1. « De cujus obitu, multi multa scribunt. Aliter narrant
» et scribunt ex vicinis nostris catholici, aliter loquuntur
» et scribunt Lutherani. Multos enim agminatim emittunt
» germanice libellos *ad persuadendum* cunctis, quam sancte
» mortuus sit ille sanctissimus, ut ajunt, omnium eorum
» pater. » Loco citato, p. 294.

2. L'auteur ne dit rien sur le culte de dulie rendu à
Luther en Allemagne. Nous pensons devoir intéresser le
lecteur en lui donnant quelques détails. Les protestants
allemands ont fait de Luther un *saint*. (Voyez Jean Nas,
5e centurie.) Naguère à Berlin, un pasteur protestant lui donnait rang au ciel, entre la sainte Vierge et les apôtres saint

la créance à la mort de Luther *en odeur de sainteté*
ne trouva que peu de partisans. Et selon que con-
cluent plusieurs auteurs catholiques, l'opinion do-
minante du côté même des protestants, dut être
que le *Réformateur* était mort subitement, misérablement.

Helmesius, de l'ordre de S. François, dans son
livre : *Captivitas Babylonica Martini Lutheri*,
paru à Cologne en 1557, fait cette remarque. « Il
» lui vint *subitement* comme une douleur pareille
» à celle de l'enfantement, et Dieu lui donna sa
» part avec les infidèles et les perfides hérétiques,
» au plus profond de l'enfer [1]. »

Pierre et saint Paul. On lui a donné le titre de *divus*, comme
nous disons *Divus Thomas* en parlant de saint Thomas d'A-
quin. On avait des médailles de *saint* Luther ; on allait en
pèlerinage à ses *reliques*; on baisait avec dévotion un couteau qui lui avait appartenu et une tache d'encre faite au
mur, quand il aurait, dit-on, jeté son encrier contre le diable. Nous avons ouï dire que les baisers des pèlerins ont usé
le couteau et la tache, et qu'il est besoin de les renouveler
de temps en temps. Ce n'est pas tout. Luther a passé pour
prophète en son pays. Prophète ! nous voulons bien, mais
une fois seulement, le jour où il a vaticiné : « Adorabunt
stercora mea et pro balsamo habebunt. » Et dire que le
Concile de Trente a dû définir le culte de dulie, et approuver
la dévotion des images, des reliques et des pèlerinages, contre les protestants !
(Voyez, Cardinal Hergenroether, *Histoire de l'Eglise*,
tome V, p. 350. Traduction Bélet: nombreuses références.
(*Note du Traducteur*.)
1. « *Repentinus* ei supervenit interitus, sicut dolor in utero

Le savant docteur de Sorbonne Génébrard, écrit

» habentis et Dominus partem ejus cum infidelibus posuit et
» cum perfidis haereticis in profundissimo inferno. (I. H.)

Helmesius s'en tient là sur ce sujet. En revanche, ce
qu'il dit des corbeaux qui conduisent le deuil de Luther est
très intéressant. Le voici : « Lorsqu'on apporta le cadavre
» de ce méchant homme sur un char et en grande pompe
» à Halle, pour le déposer dans l'église de Notre-Dame, une
» telle multitude de corbeaux l'accompagna le jour suivant
» pour le départ, telle, dis-je, que personne n'en a vu ni
» entendu de pareille. Les toits des maisons et les branches
» des arbres leur suffisaient à peine pour se percher. Les
» Luthériens veillèrent à côté de la dépouille mortelle, toute
» la nuit dans l'église, et hurlèrent leurs chants hérétiques
» et leurs blasphèmes sans désemparer. Quant aux cor-
» beaux perchés sur les toits et les arbres, ils croassaient
» avec autant d'ardeur et de persistance : c'était à se de-
» mander qui, de la lie luthérienne ou des corbeaux, l'em-
» portait en fait de hauts cris. Le lendemain matin, au
» convoi qui avait lieu hors les murs, les corbeaux firent
» comme devant, à l'aller, accompagnant au retour le corps
» de l'impie. Jusqu'où, je ne saurais le dire. *Cela je l'ai en-*
» *tendu de la bouche de beaucoup d'habitants de Halle où je*
» *suis moi-même venu peu après la mort de Luther, et où je*
» *suis resté longtemps.* — Cum cadaver, scelesti cum pompa
» maxima, ad civitatem Hallensem in curru allatum fuisset
» et positum in Ecclesia Virginis Mariae, tanta corvorum
» multitudo cum corpore illo venit, et altera die, cum eo
» recessit, quantam nulla aetas hominum vidit vel audivit.
» Tanta multitudo corvorum venit cum cadavere Lutheri,
» quod tecta domorum et arborum rami vix sufficiebant,
» ut loca sibi in eis in quibus resident, acciperent. Luthe-
» rani in templo excubias juxta corpus servabant tota nocte
» illa, atque haeretica cantica sua et Dei blasphemias sine
» intermissione altissimis vocibus reboabant. Et corvi in

dans ses *Chronographiae*, éditées à Cologne en 1582,

> » tectis et arboribus residentes, simili alacritate suum cras
> » crocitabant sine cessatione, ut nescias an faex luderana
> » aut corvi potiores fuerint in clamore. Mane autem facto,
> » cum cadaver impii, cum pompa maxima extra civitatem
> » portaretur, sicut cum veniente corvi venerunt, sic cum
> » recedente recesserunt, eumque conduxerunt. Sed quous-
> » que nescio. *Haec ego audivi a multis in civitate Hallensium,*
> » *ad quam post mortem impii illius non post multos dies veni*
> » *et ibidem diu mansi.* »

Voici maintenant l'explication que donne de cette apparition de corbeaux, racontée avec tant de détails, Pierre
Thyraeus (*de Dæmoniacis*, I, disp. 8, sect. 11) : « Le jour
> » où Martin Luther est mort, les nombreux possédés qui
> » s'étaient réfugiés à Gheel, ville du Brabant, sous le pa-
> » tronage de sainte Dympne (patronage longtemps éprouvé
> » par beaucoup de gens) en attendant leur délivrance, tous
> » furent délivrés, mais pour être bientôt repris. La chose
> » n'a rien d'incompréhensible, puisque le lendemain du
> » jour où les esprits mauvais torturaient de nouveau leurs
> » patients, il leur fut demandé où ils s'étaient retirés la
> » veille : ils répondirent que sur l'ordre de leur prince, qui
> » les avait convoqués aux funérailles de Luther, son nou-
> » veau prophète et fidèle coopérateur, ils s'y étaient rendus.

Cornelius a Lapide, que l'on sait néerlandais d'origine,
emprunte le même récit à Tilm. Bredembach (*Sacræ Col-
lationes*, lib. 7, cap. 39). Il remarque de son côté que personnellement il connaît Gheel, et qu'il y a vu les possédés
accourir au tombeau de la sainte : « Oppidum hoc vidi in
> » Brabantia et energumenos qui eo ad S. Dympnam con-
> » fluunt. » (*Comment. in Apocalyp.* cap. xx, B.)

Gheel est situé entre Bruxelles et Anvers : il a encore aujourd'hui une célèbre colonie d'aliénés. Baedeker (*Belgique
et Hollande*, p. 74) lui consacre cette notice : « Gheel est
> » intéressant par sa colonie d'aliénés. Dans cette localité

(pag. 1181): « Luther étant à Eisleben, après avoir
» fort bien mangé et bu le soir, se trouva, le ma-
» tin, parti pour le Diable. [1] »

Floremond de Raemond dit dans son *Histoire
de la naissance, progrès et décadence de l'hérésie
de ce siècle*, (traduite en latin à Cologne 1655, en
allemand à Glogau 1695) : « Je trouve ce fait
» rapporté par certains auteurs : c'est que Luther
» s'étant levé pour se soulager répandit ses en-
» trailles de la même manière qu'Arius [2] ». Floremond de Raemond ne cite pas les sources de sa

» et les villages et fermes environnants, sont placés près
» de neuf cents aliénés. Cette contrée d'environ dix lieues
» de périmètre est partagée en quatre sections ayant cha-
» cune un médecin et un surveillant. On remarque à Gheel
» la belle église de style ogival tertiaire dédiée à sainte
» Dympne, princesse irlandaise-convertie au christianisme
» et qui eut en cet endroit la tête tranchée par son père
» païen : *c'est par suite des miracles de cette sainte, que s'est
» formée la colonie d'aliénés.* » (*Note de l'Auteur.*)
L'histoire des corbeaux diaboliques n'a rien qui doive
étonner un chrétien. Il suffit de se rappeler que Jésus-Christ
fit entrer une légion de démons dans un troupeau de porcs
qui se précipita ensuite impétueusement dans la mer et
s'y noya. *Matth.*, VIII, 32, 33; *Marc.*, V, 12, 14; *Luc.*, VIII,
33, 34. Nous verrons plus loin Luther aux prises avec « le
chien de berger » ou le diable. (*Note du Traducteur.*)
« 1. Lutherus Islebii cum vespere egregie esset pastus et
» potus, mane repertus est ad Satanam descendisse. »
« 2. A quibusdam proditum invenio, eodem modo Luthe-
» rum, cum e lectulo ventris exonerandi caussa surrexisset,
» *quo Arius intestina fudisse* » — (pag. 265.) »

communication; mais, comme nous le verrons plus tard, il lui arrive généralement de mettre la main à l'œuvre sans être rigoureux dans la citation des sources historiques [1].

Le cardinal Bellarmin offre une version qui se rapproche de celle de Bozio. On la trouvera plus loin. Il dit dans un de ses sermons (prêchés de 1570 à 1576 à Louvain, publiés à Cologne en 1615) : « Martin Luther, n'a-t-il pas vécu en épicurien, » n'est-il pas mort en épicurien ? Une nuit, quel- » ques heures après avoir excellemment soupé » selon son habitude, et fait rire tous ses convi- » ves par ses contes et ses facéties, il *rendit son* » *âme au diable, la bouche tout de travers* [2].

1. Le docteur Majunke a donné le texte latin de Cologne. Son dernier livre, *Luthers Testament*, porte le texte allemand de Glogau, avec plus de détails : entre autres, on y trouve rapportée, mais atténuée, l'opinion de Bozio, fondée sur le témoignage du serviteur de Luther. Le texte français original parut à Rouen en 1605. (*Note du Traducteur.*)

2. « Martinus Lutherus nonne sicut epicureo more vixit : » ita quoque et more epicureo extinctus est ? Nam cum » nocte quadam optimam coenam sumpsisset, sicut semper » solebat, et fabulis et faceliis omnibus convivis risum » movisset, post paucas horas *ore contorto animam diabolo* » *reddidit* (Concio IX, p. 562). » Dans *Luthers Testament*, l'auteur remarque fort à propos que ces mots : *ore contorto* indiquent que Bellarmin devait croire à une mort, ou qui n'était pas naturelle, ou surnaturelle dans le sens dépréciatif du mot. (*Note du Traducteur.*)

Le Cardinal Hosius pensait que, comme Luther, dans presque tous ses discours, écrits ou actions, parlait, écrivait ou agissait sous l'impulsion du *diable*, la même chose a dû arriver à sa mort. Dans son ouvrage classique *Confutatio prolegomenon Brentii*. (Coloniae 1550), le cardinal s'exprime ainsi : « Alors que dans tous ses dires, ses écrits,
» ses faits et gestes, il n'eut d'autres conseillers —
» fort mauvais sans doute — que la haine et la co-
» lère, peut-on encore douter que ce qu'il a fait est
» venu d'ailleurs que du diable? Si quelqu'un en
» est encore là, qu'il se laisse éclairer par Luther
» lui-même qui, dans son livre intitulé : *De la messe*
» *privée*, ne dissimule point quel en fut l'auteur.
» Il y produit le diable en discussion avec lui,
» apportant contre la messe des arguments si forts
» qu'il ne peut les réfuter. Il décrit le ton de sa
» voix, grave et robuste, dit-il, terrible à entendre,
» tellement qu'il arrive quelquefois que certaines
» gens, après avoir eu un colloque nocturne avec
» le diable, sont trouvés morts le lendemain ma-
» tin. Le diable, dit-il encore, peut tuer le corps :
» puis, il met l'âme dans de telles angoisses, que
» parfois, en un clin d'œil, il lui faut sortir du
» corps. *Encore un peu, à l'en croire, cela lui se-*
» *rait arrivé* [1]. *Et même une bonne fois cela lui est*

1. On le voit, Luther était *obsédé* par cette idée de la mort par le diable. Théodore de Bèze qui, lui aussi, a réfuté à sa

» *arrivé, car celui-là qui, le soir, s'était bien repu et*
» *se gaudissait, fut trouvé mort en son lit le lende-*
» *main matin* après avoir causé dans l'Eglise de
» Dieu de grands troubles, vingt-neuf années du-
» rant. Le voilà cet évangile, cette parole de Dieu,
» si magnifiquement extollé par certains : cela ne
» vient pas du Christ, mais de Satan qui en est
» l'auteur, comme l'avoue celui qui, le premier,
» l'a lancé dans le public : il se vante d'avoir
» eu à répondre à des arguments qui renversent
» le sacerdoce et le sacrifice [1]. »

manière le luthérien Brence, dit de Luther : qu'il « s'est
enyvré comme Noé ; les Sacramentaires couvrent sa ver-
gogne, mais les Luthériens, imitateurs de Cham la décou-
vrent. » *Contra Brent.*, Dans Feu-Ardent, *Entremangeries
ministrales*, p. 10, Paris, 1601. (*Note du Traducteur.*)

« 1. Cum itaque in omnibus dictis, scriptis, factis suis
» non alios quam iram et odium pessimos consultores
» adhibuerit, erit adhuc quisquam qui dubitet quaecumque
» ab eo profecta sunt, aliunde quam a Diabolo profecta esse ?
» Si quis est hujusmodi, tollet illi dubitationem hanc Lu-
» therus ipse, qui in libro quem inscripsit *de Missa Angu-*
» *lari* quem habuerit autorem doctrinae suae, non obscure
» fert. Inducit enim ibi Diabolum secum disputantem, ac
» fortiora contra Missam argumenta proferentem, quam
» quae refelli a se potuerint. Cujus etiam vocem inibi des-
» cribit, quod ea gravis et robusta sit, tamquam terribi-
» liter insonet, ut usu quandoque eveniat, quod post col-
» lationem cum Daemone nocturnam, homines postridie
» mane mortui reperiantur.

» Nam et corpus, inquit, occidere potest, deinde vero
» animam ita reddit anxiam, ut in uno momento quan-
» doque necesse habeat e corpore migrare. *Quod saepe sibi*

Hosius intitule ce chapitre : *Lutherum malo spiritu actum pluraque perfecisse*, « — Que Luther a » agi généralement sous l'influence de l'esprit » mauvais. »

Le passage des œuvres de Luther qu'il cite se trouve dans le libelle imprimé en 1533, « *La messe privée et la consécration des prêtres.* » C'est là que Luther raconte qu'une nuit, il eut sur ce sujet une discussion serrée avec le diable. Voici ce qu'il dit [1] :

» *quoque ipsi propemodum accidisse scribit. Quin et accidit* » *ad extremum. Nam qui vespere bene potus erat et hilaris,* » *postridie mane repertus est in lecto mortuus*, cum totos an- » nos undetriginta magnos in Ecclesia Dei motus excitas- » set. Atque hoc est illud, quod adeo magnifice praedicatur » a quibusdam, Dei verbum et Evangelium, non a Christo, » sed ab autore Sathana profectum, sicut ipse fatetur qui » primus id in lucem edidit. Nam ab eo sibi gloriatur ar- » gumenta esse suppeditata, quibus et sacerdotium et sa- » crificium everte ret. » (Pag. 8 et suiv.)

1. Dans l'édition de Wittenberg, 1561, fol. vii, p. 443 et s.

Quant à la traduction latine des œuvres de Luther, faite par Jonas et Mélanchton, dix ans après la mort de leur ami, le texte a été tronqué, car le passage où Luther dit savoir pourquoi on trouve des gens morts dans leur lit n'y est pas. Les sacramentaires reprochaient aux Luthériens cette aventure de leur Maître. Qu'on lise plutôt ce texte de Hospinien, auteur si souvent cité par Bossuet : « De hac disputatione » narrat plura, quorum summa est, a diabolo edoctum » esse, quod missa privata in primis sit res mala, et ratio- » nibus diaboli convictum abolevisse eam. Hujus meminisse » debebant Lutheri discipuli, et desinere Zuinglio som- » nium suum objicere in quo de vero sensu verborum coenac » admonitus fuit, non a diabolo, ut Lutherus de abusibus

« Une fois, vers minuit, je fus éveillé : lorsque le
» diable commença dans mon cœur une argumen-
» tation avec moi, comme il sait m'en faire en
» plus d'une nuit, avec assez d'âpreté et d'amer-
» tume : « Ecoutez, vous, le grand savant, dit le
» diable ; savez-vous que vous avez célébré la
» messe privée presque tous les jours pendant
» quinze ans ! Avec de pareilles messes, c'est
» comme si vous aviez pratiqué une superbe ido-
» lâtrie, adorant non le corps et le sang du Christ,
» mais bien du pain et du vin, et les faisant ado-
» rer aux autres. » Je répondis : « Je suis pour-
» tant un prêtre dûment consacré ; l'évêque m'a
» donné le saint chrême et l'onction ; avec cela,
» faisant tout par devoir et par obéissance,
» est-ce que je n'aurais pas vraiment opéré la
» consécration, quand je prononçais les paroles

» et superstitionibus missae, sed ab alio, ut ipse scribit,
» Monitore. » *Histór. Sacrament.* part. II, fol. 131.

Luther a eu de fréquents rapports avec le diable. Dans un
sermon, il avoue « avoir mangé plus d'un grain de sel avec
Satan. » Il le connaît, il en est connu (Cochlæus, *Acta et
scripta*, in principio.) « La nuit, à son réveil, le diable vient
disputer ; il lui répond : baise mon c... Dieu n'est pas irrité
comme tu le dis. » (*Tisch.* 218.) Le diable l'accusait d'être un
pécheur, il lui répond : « Sancte Satane, ora pro me ! » ou
bien : « Medice cura teipsum. » (*Tisch.* 227.) Une autre
fois, « il reçoit une visite de Satan qui le force à chercher
des visages d'hommes. » (Lettre du 12 mai 1530.) (*Note du
Traducteur.*)

» avec toute ma gravité et que je donnais
» toute mon attention à la messe? tu sais bien
» que c'est vrai? » — « Oui, reprit-il, c'est vrai,
» mais les Turcs, les païens, dans leurs temples,
» font toutes leurs fonctions par devoir et par
» obéissance, avec gravité. Les prêtres Jéroboam
» de Dan et Bersébé, devaient sans doute tout ac-
» complir avec un grand recueillement, tout
» comme les vrais prêtres de Jérusalem. Ton onc-
» tion, ta consécration, ton saint chrême sont
» donc aussi peu chrétiens et aussi faux que chez
» les Turcs et les Samaritains. » « Alors la sueur
» ruisselait sur mon corps; mon cœur se mit à
» frémir et à palpiter. Le diable sait bien faire
» valoir ses arguments et les serrer de près; il
» parle très fort, très gravement. Une pareille
» dispute ne lui demandait pas beaucoup de ré-
» flexion : en un clin d'œil une chose répondait à
» l'autre. Et c'est là que j'ai appris comment il
» se fait que le matin, *on trouve des gens morts,*
» *dans leur lit.* Le diable peut tuer le corps; c'est
» certain. A force de disputer, il peut terrifier
» l'âme à ce point qu'il faut qu'elle sorte inconti-
» nent du corps, *comme il a essayé de le faire très*
» *souvent pour moi* [1]. Eh bien, dans cette discus-

1. On a une lettre de Luther (de la S. Jacques, 1542) à
son « excellent » Antoine Lauterbach « père spirituel » à
Pirna, où il dit que « trois hommes s'étant pendus, c'est le

» sion, il m'avait empoigné : pour Dieu, certes,
» je ne voulais pas me laisser faire une pareille
» abomination, car elle est irrémissible, mais dé-
» fendre seulement mon innocence : je l'écoutai
» exposer les raisons qu'il avait contre mon onc-
» tion et ma consécration ».

La discussion dura une heure encore, jusqu'à
ce que « *l'homme de Dieu* » donnât raison au diable [1].

Voici la marche d'idées que suit Hosius. Le cardinal veut dire que comme Luther s'était donné
au diable pendant qu'il était en vie, il a dû en
faire autant à son dernier instant. Mais, — c'est
ce qu'il faut lire entre les lignes — reste à savoir
si Luther est mort de *frayeur* et de *surexcitation*,
ou si c'est le diable qui lui donna la mort, avec la
permission de Dieu, quand la mesure des méfaits
du Réformateur fut comble, ou bien encore si Luther agissant comme instrument du diable, ne

diable qui les a étranglés. » Scaramelli, dans sa « Mystique » affirme que la possession diabolique pousse au suicide.
(*Note du Traducteur.*)

1. Après cela on n'a plus à s'étonner du « propos » ana-
baptiste, adressé aux Luthériens et rapporté par Feu-Ardent
(*Entremangeries ministrales*, pag. 63) : « Il est autant vray
» que Luther est homme diabolic, qu'il est certain que
» Dieu est. » Le cardinal Hosius l'appelait « vas Satanae. »
Luther disait souvent que le diable est un grand théologien. On peut voir dans l'Enfer de Dante, les prétentions
du diable à être un logicien. (*Note du Traducteur.*)

se serait pas suicidé, comme a fait Montan. Cette dernière interprétation semble convenir davantage à l'auteur, si l'on en juge par le titre du chapitre : « Que Luther a agi généralement sous l'influence du diable. »

Relativement à la citation précédente de Hosius, le théologien Gabriel Prateolus Marcossius (du Préau) croit pouvoir constater dans son ouvrage : *De vitis omnium haereticorum* que Luther est mort plutôt *de suffocation* que de *mort naturelle* : « Lutherum non tam mortuum quam suf- » focatum esse [1]. » — (Cologne 1583, pag. 294).

De même, Claude de Sainctes (évêque d'Evreux, et théologien du roi de France au concile de Trente) s'en rapportant à Hosius, mais visiblement aidé de quelques documents plus spéciaux, s'exprimait ainsi sur le même sujet, dans son livre *de Rebus Eucharistiae* (Paris, 1575, p. 26) : « Le diable s'est manifesté encore dans les accès » de fureur et les troubles de l'esprit. Ceux avec » qui il a affaire sont sans repos jour et nuit, et » comme entraînés pareillement dans les morts » subites et violentes par où il a enlevé quelques- » uns, comme Zwingle, *Luther*, Carlostadt, Emp- » ser, Œcolampade et les autres. Quelquefois il a

1. Cet auteur insiste particulièrement sur ce qu'il faut plus ajouter foi à ce que nous communique Hosius qu'à la déposition des «témoins oculaires » Jonas, Aurifaber et Cœlius.

» plu à cet esprit de se faire voir tel qu'il est, par
» des fantômes et des apparitions : cela est ar-
» rivé selon les décrets de Dieu pour empêcher
» qu'on confondît son ange avec l'ange déchu.
» Luther, dans son livre de *la Messe privée,* fait
» intervenir le diable pour conférer avec lui. Le
» diable lui apporte des arguments contre le sa-
» crifice de la messe, trop forts pour qu'il puisse
» y répondre. Il y décrit sa voix grave, forte, au
» son terrible, tellement qu'il arrive parfois que
» des hommes, après avoir eu un entretien noc-
» turne avec le démon, sont trouvés morts le len-
» demain matin, et cela, parce que Satan en vient
» jusqu'à étouffer la respiration. Il croit lui, que
» ça été le sort d'Empser et d'Œcolampade [1]. *Pour*
» *notre propre compte, il faut ajouter que nous*
» *croyons que Luther s'en est allé de la même ma-*
» *nière. S'étant couché le soir très chargé de bois-*
» *son, le matin il fut trouvé étendu, noirâtre, la*
» *langue tirée, comme un homme étranglé.* » Donc,
il faut le répéter, on trouvait Luther, le matin
du 18 février, « *noirâtre, la langue tirée, comme*
» *étranglé* [2]. »

1. Ailleurs, Luther en dit autant de Carlostadt. Il l'écrit
à Nicolas d'Amsdorff « évêque » à Naunburg, en ces ter-
mes : « Savez-vous que Carlostadt est mort?... Il a dû être
« enlevé par le diable. » (Vendredi-saint, 1542. (*Note du
Traducteur.*)

2. « Diabolus seipsum quoque exeruit in furiis atque agi-

Toutes ces données s'accordent si bien entre elles qu'elles conduisent à des informations certaines. Elles s'accordent suffisamment avec la déposition faite par le domestique de Luther, déposition connue plus tard. (Voyez le quatrième chapitre.) Aujourd'hui encore, il est possible de contrôler les symptômes qu'on vient de décrire, sur l'unique *facies* mortuaire [1] du Réformateur.

» tationibus animi, quibus diu noctuque inquieti et tam-
» quam abreptitii torquentur adversarii ipsi, necnon in
» mortibus violentis ac repentinis, quibus plerosque ex illis
» sustulit, ut Cinglium, Lutherum, Carlostadium, Empse-
» rum, Œcolampadium atque alios. Per spectra etiam et
» visa, qualis esset, talis spiritus aliquando internosci voluit:
» atque hoc Dei jussu ac nutu contigit, ne diu liceret An-
» gelo Satanae se ementiri pro Dei spiritu. Lutherus, libro
» de Missa angulari, inducit diabolum secum colloquentem
» de Missae sacrificio et valentiora proferentem argumenta,
» quam ipsi satisfacere potuerit. Ejus vocem inibi descri-
» bit tam gravem et robustam, tamque terribiliter inso-
» nantem, ut usu quandoque eveniat, quod post collationem
» nocturnam cum daemone, homines postridie mane mor-
» tui reperiantur quia spiritus ipsi a Satana praecludan-
» tur : atque ita se credere extinctos Empserum et Œco-
» lampadium. *Addamus et nos credere ita quoque extinctum*
» *Lutherum : qui cum vespere egregie potus lecto decubuisset,*
» *mane nigricans inventus est occubuisse, lingua exerta, ho-*
» *minis strangulati instar* — (pag. 26).
1. Le *civis Mansfeldensis* cité plus haut, raconte qu'on fit accourir auprès de Luther un peintre de Halle : qui peignit deux portraits, le premier n'étant pas « réussi. » Probablement, parce qu'il était fidèle et ressemblant. Comme le second demandait plus de temps que le premier, il ar-

On peut lire entre les lignes la même interprétation que dans Hosius.

C'était donc une opinion très répandue chez les
catholiques du xvi° siècle, que Luther avait été *sus-*

riva que plusieurs personnes, qui se tenaient devant la maison mortuaire, crurent que dans l'intervalle, le « si saint
homme » était ressuscité d'entre les morts » (Cochlaeus,
l. c. 303 b. (*Note de l'Auteur.*)
Voici le texte du bourgeois de Mansfeld : « Sed et pictor
» quidam ex Hallis confestim vocatus jussu comitum, *mor-*
» *tuum, ut erat*, depinxit. Cumque multus adesset populus,
» ait Jonas : « O chare popule, inspicite cum diligenter. »
Puis il décrit quelques préparatifs de midi à trois heures.
» Il poursuit : Pictor vero Hallensis jussus est illo tempore,
» *adhuc semel et melius quidem* quam antea corpus mortui
» depingere... » Quoniam vero asperum et intensum erat
» frigus, multi vero exspectantium eam pompam, (que le
» chroniqueur vient de décrire) delapsi sunt et abierunt,
» tum propter frigoris molestias, tum quod putabant non-
» nulli *sanctum virum* inter moras (dum depingeret mor-
» tuum denuo pictor praedictus) a morte resuscitatum
» esse. »
Pour expliquer le premier fait, l'*Historia* se tire d'affaire en faisant venir deux peintres : d'où la différence des
portraits. Qui prouve trop ne prouve rien. Quant au second
fait, la résurrection subite de Luther, on peut en trouver
la clé dans ce que raconte Floremond de Raemond. Au sortir d'une maladie, Luther guéri avait libellé un écrit dont
voici l'exorde : « Postquam resurrexi a mortuis. » Mais
comme le remarque fort justement le docteur Majunke,
la citation de Floremond est quelque peu inexacte : c'est
resurrexerim qu'il faut lire. Le même auteur se demande
dans *Luthers Testament*, 1ʳᵉ édition, p. 228) si Luther n'a-
vait pas pensé à imposer au peuple l'idée de sa « résurrec-

foqué par le diable « daemone suffocatum esse [1], » conviction préparée d'avance par les rapports extrêmement fréquents de l'*homme de Dieu* avec le diable, et la raison s'en trouvait dans un événement tout particulier qui s'était présenté un peu avant la mort de Luther. Nous devons encore, en première ligne, la publicité de cet événement au verbeux Cœlius. De fait, il raconte, dans son

tion personnelle ». La crédulité des Luthériens ne doit pas étonner. Qu'on se rappelle la « prophétie » que Luther s'était permis de faire un jour, et que nous avons rapportée plus haut, à propos du culte qui lui est rendu. (*Note du Traducteur.*)

1. *Theatrum Vitæ humanæ* Coloniæ 1631, p. 240. Antverp., Lugdun. 1665, auctore Beyerlink. Voici le texte de l'édition de Lyon : « Lutherus morte repentina sublatus est,
» nam cum vespere opiparam coenam sumpsisset lætus
» et sanus, facetiis suis omnes ad risum provocasset eadem
» nocte mortuus est » Tom. IV, E, p. 24 et II, p. 29 g :
« Mortuus, quin potius in erroribus suis suffocatus (nam
» pridie liberalius se poculis ingurgitarat (hoc enim fami-
» liare illi erat et quotidianum) intempesta nocte interriit,
» *nullo praesente, nisi fortassis veteri suo familiari,* cum quo
» se modicum salis comedisse subinde dixerat *cacodaemone,*
» ut refert Hosius et alii. Nisi quod combibones ipsius
» affirment, edito desuper libello quod se admodum mo-
» derate in coena pridiana gessisset. » (*Note du Traduc-*
» *teur.*)

Et Fabien Justinien : « Lutherum subitanea et improvisa
» morte a suo *cacodaemone* sublatum peremtumque plu-
» rimi censent quod vocati ad eum Medici morbum vel
» ignorare se faterentur, vel apoplexiam fingerent. » (*Com-*
» ment. in VI, Tobiae.)

éloge funèbre, que Luther, quelques jours avant
sa mort, « *s'était plaint à lui, avec larmes* », de
ce que, pendant qu'il se trouvait à sa fenêtre pour
prier, et en regardant le ciel, « il avait vu le diable assis sur la fontaine, la gueule ouverte de son
côté »; cela l'avait tant troublé, que le seul souvenir, comme on l'a vu, le faisait pleurer [1].

Plus tard, Ratzeberger, médecin ordinaire de
l'électeur de Saxe, dans sa *Biographie de Luther*
rapporte ce même fait, mais plus au long. Voici
ce qu'il écrit : « On dit qu'un soir, à Eisleben, Lu-
» ther, fidèle à son habitude, faisait sa prière à
» Dieu avant de se coucher. — Il se tenait à sa
» fenêtre ouverte, quand il aperçut Satan sur la
» fontaine construite pour l'usage de l'hôtellerie
» où il était. Satan se montrait à lui par derrière
» (*posteriora gezeiget*) et se moquait de lui [2].

» Ne pouvant s'expliquer ce fait, il dut en faire
» part à Jonas et à Cœlius : car aucun conseil ni
» aucune prière ne pouvait apaiser l'irritation des

1. Editée par Neudecker. Iena, 1850. Etait-ce bien la
« gueule » du diable ? Ratzeberger semble moins pudibond.
2. On ne peut s'empêcher ici de rapprocher ce que dit
Cochlæus dans son « Compendium » sur Luther. Il y rapporte cette plainte sentencieuse du Réformateur, qualifiée
« d'extraordinaire » par Jonas : « Nos senes, ideo tam diu
» vivere oportet, *ut in diaboli posteriora* respiciamus, ac tot
» mala, infidelitates, miseriasque mundi experientes, testes
» simus diabolum tam malum spiritum fuisse ? » Voici

» comtes, ni d'un côté ni de l'autre. Ils ne sont
» d'ailleurs pas encore réconciliés; bien plus, de
» jour en jour, ils déclinent et se ruinent. C'est
» ce que le docteur Luther leur avait prédit en
» bloc, comme on peut le voir dans ses écrits et
» ses avertissements. D'autres personnes de la
» ville, honorables certes et dignes de foi, disent
» encore que Luther voyant bien que toute sa
» peine et tout son travail étaient vains et sans
» résultat, par manière d'adieu, se mit à prier
» pour sa chère patrie. Puisque le diable allait
» faire naître des lamentations partout, après sa
» mort, il priait pour que le Dieu tout puissant
» voulût bien toujours conserver sa patrie dans
» sa sainte et véritable doctrine, et la garder pure
» et sans mélange d'erreur jusqu'à son divin et
» futur avénement. »

maintenant le commentaire de Cochlæus : « Quasi non
» fuerit senior Luthero Moyses, quando dixit ei Deus : Vi-
» debis posteriora mea, faciem autem meam videre non
» poteris. (Exod. xxiii.) Ad Dei igitur potius quam ad diaboli
» posteriora respiciendum est senibus! » Luther avait alors
soixante-trois ans. D'après ce que le cardinal Pazmany aurait entendu dire à la table de l'évêque de Graz, en 1590, à
un chancelier du roi qui le tenait, lui, d'un page du comte
de Mansfeld. Luther, l'avant-veille de sa mort, avait vu
« *un énorme chien de berger* », tout à fait inconnu, se jeter
au milieu de la compagnie où il se trouvait. Luther avait
été pris d'une « sueur froide » et s'était écrié : « Déjà! si
vite! *schon so schnell!* » (*Note du Traducteur.*)

Ratzeberger ne consacre que quelques lignes aux derniers moments de Luther ; lui aussi, il renvoie « à la longue Historia [1]. »

[1]. Voici les communications de Ratzeberger sur la mort du Réformateur : « Le soir qui précéda sa mort, il était à
» Eisleben, avec le docteur Jonas et Michel Cœlius ses fami-
» liers, et de bonne humeur dans la compagnie. Après le
» souper, en allant prendre son repos, il prit de la craie et
» écrivit au mur le vers suivant :

> » Pestis eram vivus, moriens ero mors tua, Papa !
> » En vie, j'étais ta peste, ô Pape : je serai ta mort quand
> je mourrai !

« Puis, selon son habitude, il se mit à la fenêtre, et la tête
» nue, les yeux vers le ciel, il fit sa prière à Dieu Notre-
» Seigneur. Il se coucha. Le matin, de bonne heure, entre
» deux et trois heures, il s'endormit doucement dans le
» Seigneur. On peut le lire tout au long dans l'Histoire de
» son départ de ce monde. »
Ce récit de Ratzeberger (reproduit par Janssen dans les premières éditions de son *Histoire des Allemands*) d'après lequel Luther aurait écrit la veille de sa mort le vers : « Pestis eram vivus » n'est cependant pas véridique. Les « *Tischreden* » qu'a publiés Aurifaber (Eisleben, 1569, fol. 317 B) nous apprennent que Luther avait « écrit ces mots de son cru » dans une circonstance *antérieure*. (*Note de l'Auteur.*)
Les *Tischreden* sont pleins de détails intéressants. Ils fournissent à l'appui de l'argument historique du fait, un argument psychologique, sorte d'argument à priori, qui explique et fait pressentir le dénouement fatal. De ci, de là, Luther aime mieux être « pendu » par le diable que par l'empereur ou le Pape. Lui-même veut « pendre » le Pape, car le pape et Judas, c'est tout un ; le Pape sera pendu à

Ainsi, la relation convenue de Jonas, Cœlius et Aurifaber, lui semblait aussi être une source historique. Soyons-lui cependant reconnaissants de nous avoir détaillé plus que ne l'a fait Cœlius, l'apparition diabolique qu'a eue Luther avant de mourir. D'ailleurs il courait à ce sujet divers bruits dans le public, et il ne faut pas s'étonner que ceux qui ne soutenaient pas les idées de Luther, exprimèrent le plus souvent leur conviction, à savoir que le diable l'avait « *enlevé.* » Et plus d'un a dû penser que cela avait eu lieu pendant un accès de délire [1].

ses clés de S. Pierre, comme Judas à sa bourse. « Le pape m'a damné, il m'a rôti, jeté dans le c... du diable: eh bien, je le pendrai à ses clés, etc... » Tout cela sent la hart! (*Note du Traducteur.*)

1. Dans toute cette question, nous avons relevé les dépositions de plusieurs historiens. Mais les sources des témoignages sont de qualité diverse. Celles de premier ordre doivent nous intéresser au plus haut point, parce que d'une part, elles sont contemporaines et que d'autre part, elles sont pour ainsi dire spontanées, individuelles, non empruntées. De préférence, il faut citer à l'appui du bourgeois de Mansfeld, de Hosius, de Sainctes, Bellarmin, Pazmany et Génébrard, les historiens suivants : Nicole Grenier, chanoine de Saint-Victor, à qui nous devons ces lignes: « Vulgairement, on » dit de luy que en tous disners et soupers il beuvoit un » septier de vin doulx et excellentissime, et mengeoit vian- » des exquises et délicates. Ce que a continué jusques à la » fin : car il est mort *soubdainement tout saoul* après avoir » amplement soupé et remply son ventre. » (*Bouclier de la Foy*, Avignon, 1549, p. 784). Simon Fontaine écrivait en

» 1538 : Quelques catholiques qui ont pu sçavoir au vray
» comme il en est allé, ont escrit que se levant pour secou-
» rir nature, tomba mort. » (*Histoire catholique*, tit. XVII,
fol. 230). Oldecop, ancien pénitent de frère Martin, originaire et doyen de Hildesheim, dans ses « *Annales* », rapporte qu'on trouva Luther mort en son lit. Citons aussi le
jésuite de Coster. Dans *Fidei Demonstratio*, Anvers, 1584,
p. 206, il dit tenir d'une noble demoiselle de la province
d'Ersfeld, que Luther portait les traces de la strangulation.
Il ajoute : « Revera daemon in strangulando homine vires
exercuit suas. » Citons encore le centuriateur catholique
d'Ingolstadt, Jean Nas. Dans sa première centurie, 1568, il
avoue qu'il n'est pas dupe des racontars protestants. Dans
la seconde, il affirme que Luther est mort comme les hérétiques d'autrefois. Dans la cinquième, il confirme et cite le
civis Mansfeldensis, et termine par cet adieu à Luther : *Re-
quiescat in pice!* Enfin Haren (*Conversion*, 1587, Ingolstadt,
p. 83) écrit qu' « un homme pieux et bon, qui ne ment pas,
» et qui se trouvait à Eisleben lorsque mourut Luther, lui
» a juré sur son âme que Luther, après une vision diaboli-
» que, fut trouvé mort dans son lit. » Peut-on se retenir de
faire mention de ce qu'écrivait d'Allemagne, à la cour de
Madrid, l'ambassadeur d'alors, sous la date du 10 avril 1546 ?
Il est mort, dit-il, « d'un mal furieux et subit, — de una
enfermedad furiosa y repentina. » etc., etc.

Voilà des sources diverses d'origine. L'accord est commun
sur la conclusion : mort subite et violente. (*Note du Traducteur*, d'après *Luthers Testament*.)

ÉTAT DES CHOSES DE 1546 A 1592

Dans tout ce qui précède, il n'a été question que des « bruits » mentionnés dans les ouvrages des historiens catholiques du temps. Si l'on veut tirer une nouvelle conclusion du discours de Cœlius, il devait y avoir « d'autres interprétations plus méchantes encore ». Elles n'étaient telles que parce que la conversation les rendait plus *concrètes*. Toutefois celles-ci ne furent pas ébruitées par les auteurs catholiques, très observateurs sans doute, mais dépourvus alors de témoignages suffisants.

Voilà pourquoi le public demeura dans l'incertitude sur le point essentiel. D'un côté, on avait certes bien « l'Historia » des « témoins oculaires », mais elle ne trouva pas un crédit universel, même auprès des partisans de Luther : à plus forte raison chez ses adversaires. D'autre part, on

croyait beaucoup plus aux rumeurs en contra-
diction avec « l'Historia ». Mais ces rumeurs
avaient-elles la garantie d'un témoin oculaire?

Les données du bourgeois de Mansfeld, dans
Cochlæus, ne contenaient rien relativement au
« point saillant. » Au surplus, les communications
s'y référant, celles de Hosius, Bellarmin, Claude
de Sainctes, avaient une teneur trop mystique,
et partant, se trouvaient susceptibles de divers
sens.

PREMIÈRE RELATION AUTHENTIQUE SUR LA MORT DE LUTHER (1592)

La mort de Luther demeurait donc un secret; quelques initiés présents à son lit de mort en avaient seuls la clé. L'affaire en resta là pendant plus de quarante ans, jusqu'à ce qu'enfin, en 1592, un controversiste, historien catholique en renom, l'oratorien Thomas Bozio, se mit de la partie et publia une relation due à un témoin oculaire — le serviteur de Luther lui-même. Ce serviteur était jeune encore lorsque son maître mourut. Il rentra dans le sein de l'Eglise catholique. Sur ces entrefaites, il se trouva mis en relation personnelle soit avec Bozio, soit avec ses amis, juste au moment où le même Bozio écrivait son célèbre ouvrage, souvent cité par des théologiens du XVIe siècle, *De Signis Ecclesiae* (Rome et Cologne 1592 et

1593 [1]). Il a un chapitre sur la fin malheureuse de
tous les hérésiarques. C'est là que faisant fond
sur ses données, il a établi ce qui suit : « Un soir,
» Luther avait richement soupé ; il s'était endormi
» d'humeur joyeuse. La nuit même, il mourut
» *suffoqué. Je tiens ce détail peu connu de son do-*
» *mestique, de qui j'en ai reçu le témoignage. Il*
» *était jeune lorsqu'il était à son service ; il est re-*
» *devenu des nôtres, il y a quelques années. A l'en-*
» *tendre, Luther s'est donné la mort misérablement,*
» *au moyen d'un nœud coulant ; mais au plus vite,*
» *on fit jurer à tous ses familiers au courant de*
» *l'affaire, de ne pas le divulguer,* pour l'honneur
» de l'Evangile [2] ».

Cette communication authentique et de source
étrangère, nullement invraisemblable en soi,

1. Les biographies catholiques abondent en éloges sur
l'auteur. Même le très anticatholique *Lexique universel des
sciences et des arts,* (imprimé chez Zedler, à Halle et Leipzig, 1733, dit à son sujet : « Bien qu'il fût également versé
en beaucoup de sciences, hormis la théologie, il s'adonna
surtout à l'histoire. » (*Note de l'Auteur.*)

« 2. Lutherus cum laute coenasset ac laetus somno se dé-
» disset, ca suffocatus nocte interiit. Audivi haud ita pridem
» compertum testimonio sui *familiaris,* qui tum puer illi
» serviebat et superioribus annis ad nostros se recepit, Lu-
» therum sibimetipsi laqueo injecto necem *miserrimam,* at-
» tulisse ; sed datum protinus cunctis domesticis rei cons-
» ciis jusjurandum, ne factum divulgarent, ob honorem ad-
» jecere Evangelii. »

trouva aussitôt chez les historiens catholiques un crédit universel. Elle fut reprise par Cornelius a Lapide qui dit, dans son commentaire sur la seconde épître de S. Pierre, II, 12 (*pseudoprophetae in corruptione sua peribunt,*) composé vers 1600 : « Il est certain que Luther, après un riche souper, » fut pris de désespoir. Poussé par la fureur diabolique, il se passa un nœud coulant et mourut » ainsi. C'est ce qu'a affirmé son domestique, converti dans la suite à la vraie foi, selon ce que » rapporte Thomas Bozio [1] ». Ainsi, le célèbre exégète ajoute, pour sa part, un éclaircissement à ce que Bozius avait raconté, à savoir que Luther avait perpétré sa dernière action « desperatione et furiis daemonis actus », *dans le désespoir et poussé par la fureur du diable* [2].

« 1. *De signis Ecclesiae,* tom. 2, lib. 23, c. 3. Sane Luthe-» rum cum vespere laute coenasset, noctu desperatione et » furiis daemonis actum, sibi injecto laqueo necem attu-» lisse, asserunt ejus famulus postea ad orthodoxam fidem » conversus, uti refert Thomas Bozius, *de signis Ecclesiae* » tom. 2, lib. 23, c. 3.

2. Dans son commentaire sur Ezéchiel, XIII, 9, écrit quelques années avant, Cornelius, s'appuyant sur les bruits d'alors, disait : « Luther endormi fut suffoqué *cum sua pellice.* ». On retrouve encore cette version dans un livre publié à Augsbourg en 1650 : *Optica Praelatorum per Carolum Stengelium.* Ord. S. B, p. 138. Cornelius reprend encore l'opinion de Bozio dans le dernier commentaire qu'il a écrit sur l'Apocalypse.

Un autre releva bientôt la communication de Bozio. Ce fut le jésuite Martin Becan. Il enseignait la philosophie à Cologne, alors que Bozio faisait imprimer son livre [1].

Après lui, on put tout connaître, jusqu'au *texte même de l'éclaircissement* dû au serviteur de Luther, car on possédait son témoignage *écrit*, et plusieurs copies en avaient été faites.

Le premier qui fit imprimer ce *manuscrit*, fut Henri Sedulius, Ord. Min., homme puissant en œuvres, èt grand voyageur. Il en avait pris connaissance, à Fribourg en Brisgau : et il le publia dans son livre : « *Praescriptiones adversus haereses*, Antverpiae 1606 [2].)

1. Il serait inutile de donner plus d'explications sur Cornelius a Lapide. Quant à Bécan, moins connu aujourd'hui, voici ce qu'en dit le *Lexique universel* de 1733 déjà cité : « Becau Martin, jésuite, originaire de Hilfarenbeck, petite » ville de Brabant, sembla né pour les « études », surtout » pour la philosophie et la théologie : il enseigna l'une quatre » ans, l'autre vingt-deux ans à Mayence, Wurtzbourg » et Vienne. Là il devint confesseur de Ferdinand II. Mort » le 24 janvier 1624, âgé de soixante-trois ans. » Le passage emprunté par Bécan à Bozio se trouve dans son écrit contre les Calvinistes. *Œuvres complètes*, Mayence, 1631, tom. II, p. 460.

2. Voici ce que dit de cet écrivain le même Lexique protestant : « Sedulius Henri, franciscain, né vers 1550 à Clé- » ves, capitale du duché du même nom. Après avoir posé » le fondement nécessaire de ses belles connaissances sous » Georges Macropedius, il entra dans son Ordre, à l'âge de

Le serviteur, qui comme on l'a vu, fit retour, plus tard, au catholicisme, fait remarquer dès le commencement, qu'avant tout, il lui fut enjoint de garder le silence sur le triste événement, mais que Dieu et la voix de sa conscience ont droit d'être écoutés plus que les hommes. Puis, il décrit d'une manière très vigoureuse comment il fut, lui, le premier, à trouver son maître, le matin du 18 février 1546, « *pendu contre son lit, et misérablement étranglé* » — « juxta lectum suum pensilem, et misere strangulatum ».

On trouvera plus bas, à l'appendice B, ce texte avec l'introduction *in extenso* de Sedulius. Néanmoins, la traduction peut bien trouver place ici, étant comme le procès-verbal rédigé par le serviteur de Luther [1]. Le voici : « Sans doute votre

» dix-neuf ans, il y occupa plusieurs situations honorables :
» gardien de nombreux couvents, commissaire dans plu-
» sieurs provinces, deux fois provincial de Hollande, enfin
» définiteur général de l'Ordre. Le duc de Bavière, Ferdi-
» nand d'Autriche, le chargea de plusieurs affaires, à Rome
» près du pape Paul V. En 1618, il se trouvait encore au
» chapitre général de Salamanque. Il mourut peu après,
» le 5 mars, ou plus vraisemblablement, selon d'autres,
» le 26 février 1621. » — Suit le catalogue détaillé de ses ouvrages, au nombre desquels nos *Praescriptiones adversus haereses*.

1. Il est question de ce domestique dans plusieurs documents relatifs à Luther. Il était le « pédagogue » des fils de l'apostat. D'une lettre du comte Hans de Mansfeld à Salmenitz, il appert que ce serviteur *arriva en premier*

» pieuse demande me presse de rejeter toute
» crainte d'offenser ou d'indigner les gens, et m'ap-
» pelle à rendre le témoignage qui est dû au vrai;
» mais ce qui m'y entraîne avec plus de véhémence
» encore, c'est le respect que je dois à Dieu et à
» tous les saints. Je ne suis pas sans savoir qu'il
» faut rendre partout gloire aux œuvres admira-
» bles de Dieu, et que, mieux vaut obéir aux or-
» dres divins qu'à ceux des hommes. Ainsi, en-
» core bien que les seigneurs d'Allemagne m'aient
» sévèrement marqué de n'avoir à révéler à qui
» que ce soit l'*affreuse mort* de mon maître Martin
» Luther, je ne la cacherai cependant pas; mais
» pour la gloire du Christ, je ferai connaître, et
» pour l'édification de la société chrétienne, je di-
» vulguerai ce que j'ai moi-même vu et appris des
» premiers, ce que j'ai annoncé aux princes as-

lieu (in der erste) près de Luther mort. Qu'il ait été pédagogue « paedagogus liberorum » c'est ce que nous décou-
vrons dans le discours que fit Mélanchton à ses auditeurs
(optimi adolescentes) du cours d'exégèse grammaticale à
Wittenberg, pour leur raconter la mort de leur « révérend
père et maître très aimant. » Cet homme était donc, non
un domestique au sens moderne du mot, mais plutôt un
familier, le « domestic » d'autrefois. Il s'appelait Ambroise
Küntzell, ou plutôt Rudtfeldt (les deux noms se rencontrent
dans les documents protestants). Selon Foerstemann, il fut
reçu comme étudiant, en 1537, à l'Université de Wittenberg,
et immatriculé dans la classe des « pauperes. » (*Note du
Traducteur*, d'après *Luthers Testament*, passim.)

» semblés à Eisleben, et cela *sans être excité par*
» *aucune haine, ni provoqué par quelque amitié*
» *ou quelque faveur*. Voici donc ce qui est arrivé :
» Luther se trouvant à Eisleben, au milieu des
» très illustres seigneurs d'Allemagne, avait ac-
» cordé à sa soif une trop généreuse satisfaction.
» Pris de boisson, il en était absolument appe-
» santi, et nous l'avions mené coucher, et bien
» accommodé en son lit. Après lui avoir souhaité
» bonne nuit, nous nous sommes retirés à notre
» chambre, sans présager, ni soupçonner quelque
» dénouement sinistre, et avons dormi paisible-
» ment. Le lendemain, arrivés près de notre
» maître pour l'habiller comme de coutume, quelle
» n'est pas notre douleur, quand nous apercevons
» Martin Luther *pendu à son lit et misérablement*
» *étranglé!* Cet horrible spectacle de pendaison
» nous remplit d'effroi. Après un peu d'hésitation,
» nous courons chez les princes et les compa-
» gnons de la veille, leur annoncer cette exécra-
» ble fin de Luther. Eux, non moins affolés que
» nous, commencent par nous faire promettre
» toutes sortes de choses et porter de nombreux
» témoignages : en premier lieu, il nous fallait
» tenir la chose sous silence, fidèlement, cons-
» tamment, afin que rien n'en transpirât; puis, re-
» mettre au lit le cadavre souillé de Luther, mais
» dégagé de sa corde; enfin, répandre dans le pu-

» blic qu'il était mort subitement. Riches de lar-
» ges promesses, nous allions tenir notre enga-
» gement, autant par attachément et fidélité à la
» mémoire de notre maître que sur la demande
» des princes, n'eût été la force insurmontable
» de la vérité pour nous pousser à faire autre-
» ment. La vérité peut bien quelquefois être op-
» primée, quand le respect humain, la peur, ou
» l'espoir du lucre s'en mêlent, mais grâce au
» sentiment de la religion ou au remords de la
» conscience, cela ne peut durer toujours. » Le
chartreux Théodore Petrejus dans son *Catalogus
haereticorum* (Cologne, 1629), relève l'importance
de cette déclaration.

Il ajoute pour son compte (p. 120) : « C'est là
» ce que j'ai vu consigné dans un écrit sincère
» de notre bibliothèque de Cologne.

Et moi, j'ai trouvé dans une bibliothèque de
Silésie un vieux manuscrit [1] d'après lequel Luther
s'est appliqué le mode de procédure désormais
à nous connu, « *à l'aide d'un essuie-main.* »

1. L'auteur parle ici d'un billet manuscrit qu'il a trouvé
dans une édition de Floremond Raemond (xviie siècle). Ce
billet anonyme portait : « J'ai lu dans un autre auteur que
» Luther a voulu se donner la mort à l'aide d'un essuie-
» main. » Le mot « voulu » s'explique par l'erreur de
Floremond lui-même qui, nous le savons, infirme par
négligence le témoignage de Bozio. Et quel est cet « autre
auteur » ?

L'éclaircissement donné par le domestique de Luther fait comprendre en outre comment — d'après le récit du *civis Mansfeldensis* cité plus haut — deux médecins et un apothicaire appelés auprès de Luther parurent aussitôt après la visite de la mort. Il donne encore à entendre comment on avait pu faire des tentatives pour rappeler le mort à la vie, tentatives qui étonnent sans doute, mais qui sont signalées par l'Historia. Enfin il fait le jour sur une circonstance plus étonnante encore, également mise en avant par l'Historia, à savoir, le transport du cadavre qui eut lieu, du sopha (ruhebett) où on le trouva, sur un lit ordinaire préparé à la hâte [1]. (Voyez l'appendice A.)

Alors même que tous les intéressés gardèrent tout d'abord le silence sur cette affaire capitale, il paraît cependant qu'ils se mirent en frais de déclarations, et que relativement à certaines circonstances accessoires ils ne s'imposèrent aucune réserve, par exemple, en ce qui concerne le rappel à la vie, le transport du cadavre sur le lit. Il entrait donc dans le plan de l'Historia de faire peu d'état de ces circonstances de détail ! mais pour ceux-là seulement qui voudraient bien lui donner leur crédit !

1. On montre encore à Eisleben, dans la maison de Luther, cette sorte de sopha, où le gardien dit qu'il est mort.

RÉPLIQUE DES PROTESTANTS AUX RÉVÉLATIONS DES CATHOLIQUES

L'attention publique devait naturellement se porter sur ce que les protestants répondraient aux déclarations des écrivains catholiques faites depuis 1592. La réponse se fit désirer, à la suite de ces attitudes guerrières. Elle parut *pour la première fois* à Hambourg en 1635 ; en titre elle portait :

LUTHERUS DEFENSUS

ou

Réfutation de fond en comble de ce que les papistes reprochent à la personne du Docteur Luther, en ce qui concerne ses parents, sa naissance, sa vocation, son ordination, son doctorat, son mariage, son incontinence, son parjure, son blas-

phème, son hérésie, son orgueil, son ivrognerie, ses obscénités, son inconstance, sa révolte, ses mensonges, son commerce avec le diable, sa falsification de l'Ecriture Sainte, sa mort, ses funérailles,

par JEAN MULLER, Docteur en Ecriture Sainte
pasteur à la cathédrale Saint-Pierre de Hambourg.

Ce livre fut presque aussitôt très répandu, et obtint quatre éditions en peu de temps. Il nous intéresse tout particulièrement ici de savoir ce que l'auteur dit de la mort de Luther. Il en est question dans le dernier chapitre, et voici textuellement ce qui est imprimé : « Comme les papistes » ont raconté toutes sortes de choses honteuses » sur la vie de Luther, de même, ces exécrables » menteurs en écrivent-ils sur sa mort, et lui attribuent-ils une fin tout à fait malheureuse.

» Quelques-uns donnent à entendre que Luther, » un soir, après avoir bien bú, se mit au lit, et la » nuit même, fut étranglé. (Bozius, *de signis Eccl.* » lib. 23, c. 3. Gretser, Tom. I *def. Bellarm.* col. » 855.) Et encore, qu'il a pris une corde, s'est » pendu lui-même misérablement, et qu'immédiatement il a été ordonné à tous ceux qui demeuraient dans la même maison de taire pour » l'honneur de l'Évangile un pareil événement.

» (Bozius, lib. 23, c. 3. Claudius de Sainctes, Re-
» pet. I *de Euchar.* c. 10.) Selon d'autres, un gros
» chien a effrayé Luther, et à sa mort, les démons
» se sont rendus visibles. (Bredenbach. *Colloq.*
» *sacr.* lib. 7, c. 39.) D'autres encore, disent que
» Luther a fait le bouffon avant de mourir.
» (Scherer. conc. 2. *in profest. Trium Reg.* pag.
» 94) et qu'après avoir passé le temps en joyeu-
» setés et plaisanteries, il est mort de mort su-
» bite. (Eder *in inquisit.* pag. 186) ou bien, que le
» mauvais état de sa conscience lui a fait peur,
» car la perte de tant de milliers d'âmes allait
» être réclamée de ses mains. (Cochlaeus, *De ac-*
» *tis Luther.* pag. 309 [1].)

Réponse :

« Il ne faut pas s'étonner que l'on ait inventé

1. Les sources citées par Muller, jusqu'à Gretser, nous les
avons vues dans leur ensemble. Le passage de Gretser que
Muller a en vue ici, est celui-ci (*Controversiarum Roberti
Bellarmini Defensio.* Ingolstadt, 1607, Columna 855) : « Lutherus adeo vorax bibaxque fuit, ut ne ultimo quidem vitae
suae die a largo prandio et opipara coena abstinuerit ; ut
testantur epistolae, quae de morte ejus vulgatae sunt. » Le
jésuite Gretser s'est fié, lui aussi, à l'Historia (epistolae).
Une chose qui mérite qu'on s'y arrête, c'est que Muller
entend le passage de Claude de Sainctes, cité à la page 20,
comme si l'auteur voulait dire que c'est, non pas le diable, mais bien Luther qui, *propria manu,* a exécuté le pro-
gramme que lui avait tracé celui-ci.

» de tels mensonges après la mort de Luther, puis-
» qu'on en avait fait de semblables pendant sa vie.
» Lui-même a consigné dans ses ouvrages un écrit
» mensonger sur sa mort, d'origine italienne, car
» il avait paru à Rome [1]. En voici la teneur :
« Martin Luther étant tombé malade, il demanda
» le saint sacrement du corps de Notre-Seigneur
» Jésus-Christ; à peine l'eut-il reçu qu'il mourut.
» Pendant le cours de sa maladie, s'apercevant
» qu'elle était grave et qu'elle le menait tout
» droit à la mort, il avait désiré que son corps fût
» déposé sur un autel pour y être adoré comme
» un dieu. Mais la bonté de la providence divine
» voulant mettre fin à une telle aberration, et la
» réduire au silence éternel, ne dédaigna pas de
» montrer de quels miracles il était besoin, pour
» détourner le peuple de cette erreur, de cette
» ruine, de cette perdition causées de nos jours
» par Luther. Aussi, dès que son corps fut enterré,
» il se fit entendre une rumeur affreuse et un tu-
» multe de tous les diables. Voilà pourquoi tous
» ceux qui se trouvaient là, furent grandement

1. Luther donne le texte italien et la traduction allemande. Voici le titre italien : « Copia de vna littera de lo
Imbasciatore del re Chrestianissimo, de vno stvpendo mi-
racvlo visto in la infelicissima morte de Martino Luthero. »
Le tout est précédé de trois distiques latins composés par
Luther, et adressés au pape : fort mauvais d'ailleurs. (*Note
du Traducteur.*)

» épouvantés et étonnés, lorsque, levant les yeux
» au ciel, ils aperçurent clairement la très sainte
» hostie de Notre-Seigneur Jésus-Christ, qu'un
» homme aussi indigne avait eu l'audace de rece-
» voir aussi indignement. Je dois dire encore que
» les mêmes personnes virent manifestement la
» très sainte hostie suspendue en l'air. On la prit
» avec une très grande dévotion et révérence, et
» on la déposa avec honneur et dévotion parmi
» les choses sacrées. Après quoi, on n'entendit
» plus, de tout le jour, cette grande rumeur, ni cet
» infernal vacarme : mais la nuit suivante, au
» même endroit, là même où reposait le corps de
» Luther, tout le monde entendit un bruit plus
» fort que le premier, qui fit lever tous les gens :
» ceux-ci étaient dans l'étonnement et la stupeur.
» Quand il fit jour, on alla ouvrir le sépulcre où
» était le corps impie de Martin Luther : une fois
» ouvert, on n'y vit plus ni corps, ni chair, ni os,
» ni vêtements : mais il s'en dégageait une odeur
» de soufre si répugnante qu'elle rendit malades
» ceux qui étaient présents. En conséquence, beau-
» coup ont amendé leur conduite dans la sainte foi
» catholique, et cela à l'honneur, à la gloire et à la
» louange de Jésus-Christ et pour l'affermissement
» et l'établissement de la sainte Eglise, colonne
» et fondement de la vérité. »

« Voici maintenant ce qu'en pensait Luther :

» Et moi, Docteur Martin Luther, j'avoue et je té-
» moigne par cet écrit, que j'ai reçu une aussi fu-
» ribonde annonce de ma mort, le 21 mars (1545) :
» je l'ai lue presque avec plaisir et allégresse, hor-
» mis les blasphèmes et les mensonges qu'on im-
» pute à la très haute majesté de Dieu. A part
» cela, ce m'est un baume sur la rotule droite et
» au talon gauche, que le diable et ses écailles,
» — le pape et les papistes — soient mes ennemis
» de cœur. Que Dieu les convertisse du diable !
» Comme c'est chose assurée que ma prière pour
» les péchés est inutile, que Dieu fasse donc qu'ils
» emplissent leur mesure, et qu'il n'en advienne
» pas autrement, puisqu'ils en sont à écrire de
» semblables libelles pour leur consolation et leur
» joie. Laissez faire : ils vont droit leur chemin.
» *Sic voluerunt*. Et pour cela, je voudrais bien voir
» comme ils deviennent spirituels, ou comment
» ils vont réparer ou retirer tous leurs menson-
» ges, et les blasphèmes dont ils remplissent l'u-
» nivers. »

« Quant à la vérité sur la mort de Luther à un
» point de vue tout spécial, le Docteur Juste Jonas,
» Maître Michel Cœlius et d'autres l'ont racontée
» brièvement, en collaboration : ils en ont été les
» témoins vivants. Voici leur composition... »

Suit le texte de la fameuse Historia, plus un renvoi à de Thou.

Quant à la publication, soi-disant parue à Rome, un an avant la mort de Luther, elle aurait dû, si vraiment elle était venue de Rome, être dans l'intérêt des « papistes ». Mais, à en juger d'après ce qu'elle contient, elle ne pouvait certes que leur nuire, car le ton de colère qui allait frapper les lecteurs allemands à la simple lecture, devait retomber sur les catholiques, seuls auteurs *possibles* de ce pamphlet.

Seulement, personne ne s'était chargé de sa diffusion plus que Luther. Et puis, plusieurs tournures dans le style, ainsi que la marche toute fantastique des pensées, font présumer que l'esprit qui a dicté cette lettre est bien l'esprit de Luther lui-même [1].

1. Il résulte de ce que dit Seckendorf (Hist. Lutheranismi, p. 580) que déjà les catholiques d'alors, estimaient que Luther « vel aliquis ex suis » était l'auteur du libelle. La « Vita Lutheri » d'Ulenberg (Cologne, 1589) fait particulièrement connaître les innombrables intrigues en librairie « de l'homme de Dieu. » Presque à toutes les trois pages, il y a une pièce justificative. (*Note de l'Auteur.*)
C'était Philippe de Hesse qui avait envoyé à Luther cette « Copia »; il la tenait « d'un honorable citoyen d'Augsbourg » qu'il ne nomme pas. La lettre qui accompagne l'envoi, prouve qu'il y avait là un coup monté, une « agitation » contre le concile de Trente qui venait de s'ouvrir. On finit même par voir le fil dont tout cela était cousu. Luther, auteur du factum, l'aura envoyé à Philippe de Hesse qui devait le lui retourner. Quant au texte italien, il ne répugne pas qu'il soit également de même fabrique, si bien

Evitons ici de faire droit aux exigences de la psychologie et, d'analyser les causes qui pourraient bien avoir poussé le Réformateur dans cette affaire, lui qui avait si souvent recours à ce principe, que *la fin justifie les moyens*, lui qui était tout intrigue, de part en part ; quant au reproche frivole qu'on fait ici aux lettres catholiques, on ne peut s'empêcher de le rétorquer.

Nous avons déjà vu plus haut de quelle manière les écrivains catholiques, tant allemands que romains, ont rapporté tout d'abord les bruits courants sur la mort de Luther, et plus tard, la triste réalité du fait : ç'a été avec le plus « d'objectivité » et de calme possible. On ne pourrait trouver chez eux la moindre nuance de ce ton tout à fait particulier qui dégoûte le lecteur, presque à chaque page, dans les œuvres originales de Luther. Non, ils n'étaient pas capables de rédiger ce honteux libelle prétendu romain, qu'on leur attri-

que la traduction pourrait être l'original et *vice versa*. Il aurait fallu démarquer le texte allemand : un auteur se contrefait difficilement. Au surplus, la tactique était assez habile : depuis 1542, la pensée du suicide (nous le prouverons plus bas) obsédait « le saint homme. » N'était-ce pas pour éviter cette fâcheuse issue qu'on lui avait donné un domestique ? En prêtant aux catholiques des calomnies sur sa mort présumée, il démentait d'avance tout ce qui pourrait se dire, lorsque « au sortir du banquet » la mort viendrait, de vrai cette fois, lui demander « sans réplique » de faire « son paquet. » (*Note du Traducteur.*)

bue. Et la collaboration supposée dont Luther cherchait à grever les lettres catholiques, lui revient droit, à lui tout seul.

Bien plus, un historien du xviie siècle, des plus maltraités par les protestants, Floremond Raemond cité plus haut, va même jusqu'à innocenter Luther de son dernier forfait, dans « l'Histoire etc. ». Il prend acte de divers bruits sur la mort du Réformateur, ajoute au récit de Bozio l'opinion la plus répandue, et conclut en remarquant que si Luther en est venu à faire ce mauvais pas, c'est qu'il « était fatigué des douleurs extrêmes que lui causait un calcul » — « extremis oppressus calculi doloribus, mortem vehementer optavit [1]. »

Le jésuite Scherer (avantage de notre thèse : les jésuites ne lui servent pas de sources historiques de premier ordre) cite dans son célèbre recueil de sermons (Cologne 1683), à propos de la mort de Luther, une « prédication » de Matthesius qui s'appuie encore sur « l'Historia [2]. »

[1] Il est impossible que cet auteur ait eu sous les yeux le texte original du récit de Bozio, car il croit que selon cet historien Luther a été gêné dans l'exécution de son dessein par l'arrivée de quelques personnes amies. De tout cela Bozio ne dit rien. Floremond Raemond ne donne pas non plus comme il faut le titre de l'ouvrage. (*Note de l'Auteur.*)

De fait, il cite « De *notis* Ecclesiae » et dit que Luther a *voulu* se tuer. Ce n'est plus Bozio. (*Note du Traducteur.*)

2. Cf. la citation donnée par Muller, plus haut. Voir aussi

N'a-t-on pas vu plus tard Gustave-Adolphe et Frédéric II de Prusse, user de cette tactique, et imputer aux catholiques les ouvrages incendiaires qu'eux-mêmes avaient écrits, mais qu'ils avaient fallacieusement attribués aux presses de Rome, de Cologne, etc... ? N'a-t-on pas encore eu recours au même moyen pendant le dernier Culturkampf? Et faut-il s'étonner qu'on ait déjà choisi cette manœuvre lors du Culturkampf du xvie siècle? Les indices mènent droit à Luther, ou à quelqu'un des siens : aux écrivains catholiques, non pas. Mais, revenons à Muller.

Qu'avait-il donc opposé dans son « Lutherus defensus » à Bozio et autres auteurs catholiques, touchant leur récit sur la mort de Luther? Avant tout, c'était le « faux », imprimé en Allemagne, orné d'un en-tête romain. Et puis... seconde édition de l'Historia! En admettant même que ce mensonge, imprimé un an avant la mort de Luther, soit authentique, qu'y a-t-il de prouvé à l'encontre des narrations de Bozio, Sedulius, Petrejus, etc...? Et que peut bien prouver l'Historia?

C'est aussi une chose très caractéristique que Muller ne prenne pas garde d'avertir ses lecteurs, qu'il « *défend* » Luther, contre une déposition qui provient directement du *domestique* du Réformateur.

la citation du jésuite Gretser. De même, le P. Maimbourg, *Histoire du Luthéranisme*.

Et pourtant, cette particularité devait avoir causé une formidable explosion, puisque de fait, elle faisait la preuve du plus terrible grief que « les papistes pussent faire peser sur la personne » de Luther. »

Qu'on veuille bien encore considérer, que Muller ne dit pas un mot de Sedulius, alors même qu'il se montre, par ailleurs, très connaisseur de la littérature catholique. Bien au contraire, il se rejette, à la fin, non sans satisfaction et complaisance, sur « l'historien papiste » de Thou. Celui-ci raconte la mort de Luther d'après l'Historia.

De Thou [1], historien français, était un catholique « libéral » ; un gallican, promoteur de l'Edit de Nantes. Dans son grand ouvrage historique (Franc-

---

1. Aujourd'hui, parmi les catholiques, on ne se fait plus illusion sur la valeur de Jacques de Thou. Son livre a pour titre « Historia mei temporis », et comprend les événements de 1544 à 1607. On l'a beaucoup loué. Les gallicans avaient de bonnes raisons pour le faire valoir. Perrault trouvait en lui « une exactitude et une fidélité qui n'a guère d'exemples. » Quand Bossuet voulait, pour convaincre les protestants, leur citer un historien « non suspect » il citait de Thou, à l'égal, il est vrai, du calviniste la Popelinière. Mais, quoi qu'on en eût, la *Thuana* (autre nom de cette Histoire) fut mise à l'Index en 1609, sur la dénonciation du cardinal Bellarmin. Le chef d'accusation était le gallicanisme de l'auteur, et sa rébellion obstinée devant certains articles du Concile de Trente. Ajoutons que l'œuvre n'est pas exempte d'erreurs, surtout en ce qui concerne les pays étrangers. (*Note du Traducteur.*)

4

fort 1625), il consacre quelques lignes à la mort de Luther, et se borne à suivre l'Historia qu'il ne nomme pas. Il est vraisemblable qu'il n'a pas eu d'autres documents en main.

Aussi, le livre de Muller a-t-il servi plus d'un siècle durant, de source de premier ordre à l'apologétique luthérienne. On en a la preuve dans une Biographie de Catherine de Bora parue en 1747, écrite dans le sens catholique [1] : « Les prédicants » luthériens renvoient tous les écrivains catholi- » ques à Muller, qui, à leur jugement, a si excel- » lemment blanchi Luther et sa Kaethe [2]. » (Tom. » II, p. 46.)

La guerre de Trente ans terminée, un jésuite, le Père Charles von Kreutzen, originaire de la Prusse orientale, fit paraître une réplique au livre de Muller. Le livre fut imprimé en 1655 à Brauns- berg, ayant pour titre : « *Luther non défendu* », contre « Luther défendu » *de Jean Muller.* »

Je n'ai pu rencontrer cet ouvrage dans les plus grandes bibliothèques de toute l'Allemagne : même à Braunsberg, il est impossible de se le pro- curer [3]. Heureusement que le zélé Muller a riposté

1. « *L'étoile du matin de Wittenberg*, ou Biographie com- plète de Catherine de Bore, prétendue femme du Docteur Martin Luther. » Landsperg, 1747.

2. Bayle, protestant militant, dans son Dictionnaire, ren- voie le lecteur au même Muller. (*Note du Traducteur.*)

3. Deux bibliothécaires d'Autriche et de Russie, auxquels

par une seconde instance, dont il reste encore, — naturellement — de nombreux exemplaires. Aussi bien est-il possible, en quelque manière, de reconstituer ce qu'avait écrit von Kreutzen.

Muller intitule ainsi sa réplique :

DEFENSIO LUTHERI DEFENSI

C'EST-A-DIRE

Luther fort bien défendu

EN RÉPONSE

à « Luther non défendu »

DU JÉSUITE PRUSSIEN

P. Charles von Kreutzen

où les objections du jésuite sont réfutées à fond
où il est démontré à tout jamais que Luther
n'a pas été un fils de diable, ni sodomite, ni
violateur de nonnes, ni bohémien, blasphémateur,
ni séditieux, etc...
et qu'il ne s'est pas pendu, etc...
Hambourg, 1659.

L'auteur remarque dans sa préface, que le Père von Kreutzen « s'est fait fort de noircir Luther, » pour que celui-ci fût complètement honni; il » l'a attaqué par de honteux mensonges et des ca-

je me suis adressé, s'accordent à m'écrire que le livre a dû être accaparé en masse, il y a deux cents ans, par les protestants, et puis... détruit. (*Note de l'Auteur.*)

» Iomnies, en le décriant à titre de sodomite et de
» violateur de nonnes, né du diable [1], en lui re-
» prochant d'avoir eu celui-ci pour Maître, et en-
» fin, de s'être pendu, et d'avoir eu pour cortège,
» à son enterrement, des démons sous la forme
» de corbeaux noirs, etc... »

Il n'est point d'épithètes de choix dont le Père von Kreutzen n'ait gratifié le « saint » de Wittenberg, et surtout, il semble qu'il ait consacré à sa mort un vigoureux chapitre. En dernier lieu, Muller laisse bien passer quelques phrases du Père, courtes comme on va le voir, mais suggestives :

« *Quelques-uns* disent, et *non sans preuve*, qu'il
» s'est pendu, mais qu'il y a eu défense de le ré-
» véler. Il devait être en furie et insensé, quand
» il en vint à ordonner que l'on priât *pour* Dieu
» et son Evangile. »

De cela, on ne peut inférer si, dans cette affirmation, von Kreutzen a nommé des sources ; on

---

1. Voilà du nouveau pour le lecteur, sur l'origine de Luther. Beaucoup d'auteurs catholiques du xvie et du xviie siècles affirmaient que Luther était né d'une manière mystérieuse « extra matrimonium per medium incubi. (*Note de l'Auteur.*)

Quoi qu'il en soit du fait que nous ne voulons pas examiner ici, *en droit*, il n'y a pas répugnance. Cf. S. Theol. I, q. 51. a. 3 ad 6. Pour le fait, cf. Sylvius : (Bibliothèque de Berlin) c'est la haute source historique. (*Note du Traducteur.*)

ne peut inférer non plus leur qualité. En tout cas, cet écrivain a tenu pour *fondée* (non sans preuve) l'opinion professée par d'autres que lui (quelques-uns...), et pour non avenu, le démenti de Muller.

Voici maintenant la réplique du même Muller : « Si l'on répandait que le Père von Kreutzen s'est » pendu, serait-ce suffisamment prouvé par là » même ? Que des jésuites aient été pendus en » Angleterre pour leurs méfaits de traîtres, voilà » qui est certain. Mais si vous voulez un compa- » gnon de potence, ce n'est pas dans la personne » de Luther qu'il faut le chercher ! Luther s'est » pendu ? Qui l'a vu ? Nommez les personnes qui » y étaient ! et si l'on a défendu de publier le fait, » comment donc le Père von Kreutzen l'a-t-il ap- » pris ? »

On le voit : l'argumentation de Muller est de plus en plus faible. Il ne peut se tirer d'affaire qu'avec des phrases. La sonorité des dernières les fera bien venir de ceux de ses lecteurs qui croient « aux trahisons des jésuites en Angle- terre ». Aussi, le luthérien se dispense-t-il encore de dire que les *papistes* avaient *désigné* une per- sonnalité bien marquée, laquelle avait vu le ca- davre de Luther, la première avant toute autre. C'est pour cela que Muller demande pharisaïque- ment : « *Qui l'a vu ?* »

La déclaration de Luther : « Priez *pour* Dieu... »

4.

n'est défendue que moyennant sophismes. Nous n'entrons pas dans cette question : elle n'est qu'accessoire ; pas plus que dans la polémique suivante, soutenue très au long par Muller contre von Kreutzen, pour ce que celui-ci avait affirmé des funérailles et des corbeaux etc...

Même argumentation que chez Muller, à voir dans le « Grand Dictionnaire historique critique » de Bayle-Gottsched (Leipzig 1743), article Luther ; à cette différence près, que l'auteur de l'article admet que « ce ne sont pas des gens obscurs, mais de très célèbres écrivains » qui ont répandu des « *faussetés* » sur la mort de Luther. Cet auteur a même le courage de rapporter la citation de Cornelius a Lapide [1] (plus haut) où il est parlé du « famulus » de Luther. Mais quant à la prétendue fausseté qui y est contenue, comme Muller, il ne peut la réfuter qu'en renvoyant au « libelle » italien et à l'*Historia*.

Seckendorf dans sa grande *Histoire du Luthéranisme* (en latin, Leipzig, 1694) traite la question en une seule phrase, où il déclare que ce lui est « chose trop méprisable » de mettre le pied sur le terrain des affirmations que les catholiques ont partout lancées. En retour, il argumente volon-

---

1. Toutes les citations de Bayle, sur la question, sont empruntées au traité de la Magie, d'Adam Osiander. (*Note du Traducteur.*)

tiers, et va de l'avant, quand il entre en discussion avec les historiens catholiques, sur les funérailles de Luther.

Cependant, le 2 février 1746, avait lieu le deuxième centenaire de la mort du Réformateur. Naturellement, ce jour fut fêté, en Saxe tout particulièrement; il parut divers écrits pour le glorifier. Sept de ces écrits sont nommés dans un ouvrage de Keil publié plus tard (Leipzig 1764) : « *Circonstances remarquables de la vie du Docteur Martin Luther.* » En premier lieu, vient le livre du surintendant général de Wittenberg, Hofmann, portant ce titre « *Memoria saecularis funeris et sepulcri D. Martini Lutheri*, Wittenbergae 1746 ».

Selon Keil, cet « important écrit » mérite une attention particulière de la part des lecteurs, car c'est « une réhabilitation de Luther contre » ses calomniateurs. » « Tout, dit Keil, tout ce » que Bellarmin, Thyraeus, Cochlée, Bozio, Bredenbach etc., racontent avec leurs mensonges » stupides, d'une puanteur insupportable, d'un » cortège de nombreux esprits malins, de corbeaux noirs et d'autres choses semblables, aux » funérailles de cet homme bienheureux; pareil- » lement, ce que Maimbourg et Fontaine ont iro- » niquement relaté de ses splendides funérailles, » tout cela se trouve traité ici par le docteur Hof-

» mann, et formellement démenti. Au surplus,
» le surintendant général a composé, au prix
» d'une application sérieuse, une histoire com-
» plète de la fin bienheureuse, du convoi et de
» l'enterrement de notre cher Luther. »

Voilà ce que dit Keil (p. 595). S'il arrivait à
quelqu'un, comme à moi, de mettre la main sur
le livre de Keil avant d'avoir ouvert celui de
Hofmann, celui-là s'attendrait à ce que ce dernier
livre lui parlât surtout de la « fin bienheureuse »
de Luther, et se mêlât des « calomnies » de Bozio,
de Bellarmin, relatives à sa mort. En tout cas, on
serait curieux de savoir si le sieur Hofmann a été
plus heureux dans sa manœuvre contre Bozio et
les autres, ou plutôt contre le *domestique* de Luther, que ne l'avait été Jean Muller cent ans avant
lui. Quelle illusion !

Hofmann dit d'abord dans son Introduction, que
« les calomnies dont le troupeau pontifical s'efforce
» de couvrir le trépas du bienheureux Luther,
» sont connues du public ; avec cet inconvénient
» d'ailleurs, qu'il y a dissentiment manifeste, ab-
» surdité dans les récits, perfidie dans la déposi-
» tion des témoins qu'on allègue, tellement qu'il
» n'y a pas à s'y tromper : ce ne sont là que men-
» songes fabriqués à loisir[1]. »

« 1. Calumniae, quibus, grex Pontificius obitum b. Lu-
» theri placidissimum vituperare studet, vulgo prostant ;

Son « thème » par conséquent, continue-t-il, l'empêche de parler davantage des « fables » sur le compte de Luther, quoiqu'elles soient répandues partout : — *passim divulgatas* — autrement, il pourrait bien servir à souhait des choses qui, de ci, de là, exciteraient le rire ou l'indignation. Il serait difficile de rencontrer un autre homme aussi célèbre, dont la mort ait dû plus souffrir « des rumeurs incertaines, douteuses, contra- » dictoires, fausses, que le génie infernal a essayé » de susciter contre Luther. [1] »

« Cette tâche-là, dit l'auteur, *nous l'avons laissée* » *à un autre* dont nous n'avons pas voulu assumer » la charge (*sic*). Notre thème à nous, sera donc » de parler des funérailles et du tombeau du grand » homme, et de montrer combien de fables, com- » bien d'injures atroces tâchent d'accréditer des » hommes dévoués à la superstition pontificale, » avec d'autres encore, pleins de mauvaises in- » tentions au regard de notre église, pour jeter » le mépris sur les funérailles et le tombeau du » bienheureux Luther [2]. »

» hoc tamen eventu, ut manifestus dissensus, narrationum » absurditas, testium allegatorum perfidia sint infallibili » indicio, nil nisi mendacia afferri, atque data opera con- » fingi. »

« 1. Genius infernalis plures rumores incertos, dubios, » discordes, falsosque spargere studuit, quam de Luthero. »

« 2. De funere et sepulcro Megalandri commentari et

Et alors, notre auteur, de noircir tout son papier, pour démontrer que Luther a été mis au tombeau « sans puanteur » et « sans corbeaux, » et de faire voir le peu de fondement du reproche fait par quelques écrivains « papistes », « qu'il a » eu des funérailles pompeuses comme celles d'un » homme riche, et non comme un pauvre apôtre. » Pour finir, il s'agit encore, et avec plus de détails, du tombeau de Luther. Mais « des calom- » nies » bien plus graves qu'on a semées « de tous » côtés », pas un mot ! pas une syllabe dans tout ce livre, qui ait trait au *domestique* de Luther ! Quant à cet « autre », dont le sieur Hofmann n'a pas voulu assumer la charge, cet autre-là, à l'heure actuelle, en 1893, n'est pas encore venu, il n'a pas encore réfuté les « fameuses calomnies ». Et pourtant, cette « thèse » eût été plus utile à la cause de ces messieurs, que la réponse à un blâme attaché aux funérailles trop pompeuses de Luther.

Pour ma part, j'ai donné si peu d'attention à ce blâme relevé par quelques auteurs catholiques du xvie et du xviie siècle (Maimbourg, etc [1].) que

» ostendere quam multae sint fabulae, quam atroces inju-
» riae, quibus funus tumulumque b. Lutheri in contemptio-
» nem adducere student homines, superstitioni pontificiae ad-
» dicti et alii, malo in nostram ecclesiam animo occupati. »

1. Fontaine, *Histoire Universelle.* Sponde, *Continuation de Baronius.* P. de Cochem, Raynaldi, Cratepolius, etc... (*Note du Traducteur.*)

je n'en ai même pas pris la copie. Aussi bien n'en dirai-je plus rien désormais. Que m'importe qu'il y ait eu à ces funérailles, cent ou mille trompettes et cavaliers ? Je n'attache, au surplus, point de valeur spéciale à l'anecdote des corbeaux et de la mauvaise odeur.

En cela, je me rencontre encore avec Bozio, et avec Bellarmin tout particulièrement : ces deux écrivains mentionnent une seule fois, et en même temps, tous ces détails : mais c'est principalement sur la *mort* de Luther, qu'ils s'arrêtent.

En revanche, Hofmann escamote tout à fait la question capitale.

Un siècle auparavant, Muller avait eu au moins le courage de faire mention de la « corde », mais sans renvoyer le lecteur au domestique de Luther, maturellement.

En 1746, au contraire, il faut tout cacher, malgré les « calomnies » courantes, ou plutôt à cause d'elles [1].

1. Hofmann pense éliminer l'histoire des corbeaux par une malice (!) Il fait raconter à un paysan, qu'une fois tous les esprits mauvais se trouvaient à Rome, lorsque « la papesse Jeanne » donna le jour à un enfant en pleine rue. Reinkens, l'évêque « vieux catholique » aimait à dire dans ses synodes, qu'il n'y avait plus que les journalistes « libéraux » et les maîtres d'école protestants, pour croire encore à « la papesse Jeanne. » Il y avait donc, au xviiie siècle, des surintendants généraux qui en étaient encore là !

Helmesius (v. plus haut) vint certainement quelques jours

On n'osait pas davantage renvoyer à Sedulius, malgré l'accaparement rapide de son livre par les bibliothèques des Universités protestantes [1].

Ni Muller, ni Hofmann ne soufflent mot de Sedulius et du document qu'il a publié.

Plus on approche de notre siècle, plus le silence se fait chez les protestants : silence et secret ! Cela explique pourquoi, parmi les catholiques, on commença à ne plus rien dire de la mort de Luther, alors que pendant la seconde moitié du siècle dernier, dans la période du joséphisme et du fébronianisme hostiles à Rome, les protestants avaient le *monopole de l'histoire* et que le feu des controverses des théologiens catholiques s'éteignait : situation malheureuse qui a duré presque jusqu'à la moitié de notre siècle [2].

après les funérailles de Luther, à Halle : c'est là qu'il entendit de la bouche de nombreux habitants, le récit, alors en vogue, sur les corbeaux.

1. L'exemplaire de Sedulius dont je me suis servi, porte encore l'estampille de l'ancienne Université de Francfort sur Oder, laquelle n'était protestantisée que depuis soixante ans, lors de l'apparition du livre de Sedulius.

2. Une cause plus éloignée qui fit taire les catholiques dans cette affaire, se rattache à ce fait particulier que, de tous les livres de controverse parus après la guerre de Trente ans, celui de Floremond Raemond (calviniste français converti au catholicisme — la première traduction de son livre, du français en latin, fut faite en Allemagne) *Historia Memorabilis*, était le plus répandu en Allemagne. Tous les travaux subséquents de la polémique catholique, citent pres-

Mais en 1846, à l'occasion du troisième centenaire, il parut plusieurs ouvrages à la mémoire
de Luther. Le plus couru fut celui de Pasig :
« *Derniers jours du Docteur Martin Luther ; sa
mort ; ses funérailles* (Leipzig, Grunow).

L'auteur dit dès le commencement de son Introduction : « Nous ne nous sommes pas laissé
» aller à réfuter les récits faits de mensonge et
» de calomnie, sur la mort et les funérailles de
» Luther, que les ultramontains, comme Bellar-
» min, Cochlée, Thyrée, Mainbourg et les autres
» ont accrédités : ils sont si niais et si insipides,
» qu'ils tombent d'eux-mêmes, et on ne peut que
» s'étonner de voir que des hommes qui préten-
» dent à la science, aient pu donner leur créance
» à des mensonges aussi déraisonnables. »

On lit dans un autre travail de la même épo-
que, celui de Meurer « *Derniers jours de Luther,
sa mort, ses funérailles.* » (Dresde, Naumann)
« L'histoire véridique, depuis longtemps, a lavé

que exclusivement cet ouvrage, tandis que ceux de Bozio
et de Sedulius avaient été condamnés à l'oubli par la guerre
de Trente ans. Si bonnes que le public ait trouvées les affirmations de Floremond, cet auteur avait pourtant, comme
on l'a vu, faute d'avoir étudié les sources, commencé une
singulière tradition sur la mort de Luther, tradition selon
laquelle il aurait *voulu* s'ôter la vie, mais plusieurs personnes accourues l'en auraient empêché. Naturellement,
les catholiques compétents en ont fait peu d'état. Cfr. *Luthers Testament*, p. 229-234.

» Luther de toute la boue que ses ennemis et le
» culte du mensonge ont jetée sur ses derniers
» moments : si bien, que ce serait peine perdue
» d'en dire un mot, dût-il encore quelque jour se
» reproduire quelque menterie qu'on aura remise
» à neuf. »

Il est clair qu'avec le temps, les protestants ont
fait des progrès dans la défense de Luther. Alors
qu'un siècle auparavant, Hofmann réservait encore
à un « autre » la réponse aux « calomnies », et
que deux siècles auparavant, Muller essayait au
moins une timide réplique, ces mêmes calomnies
s'évanouissent « d'elles-mêmes », tout uniment,
devant la critique du XIXᵉ siècle !... Mais il faut dire
aussi que l'histoire, la « véridique » s'entend, a depuis longtemps déjà, entrepris le « débarbouillage »
avec une aisance et un savoir-faire non pareils.

Ç'a été sans doute grâce aux catholiques, aux
professeurs d'histoire ecclésiastique de Vienne,
qu'a eu lieu le nettoyage, eux qui livraient leur
« science » d'après le manuel du protestant
Schrœckh.

Quoi qu'il en soit, ce qui reste caractéristique,
c'est que parmi les protestants de 1846, on se
rappelait fort bien encore les vieilles « calomnies »
sur la mort de Luther : d'autre part, les catholiques semblaient n'en avoir plus conservé *le
moindre souvenir*.

Aussi bien, avaient-ils beau jeu, les modernes biographes de Luther, lorsqu'à l'occasion du jubilé protestant de 1883, ils encombraient le marché de leurs productions. Ils pouvaient même se dispenser tout à fait de mettre le pied sur le terrain des vieilles accusations « papistes », en ce qui concerne la mort de Luther.

Toutefois, nous tenons à constater expressément qu'ils ne penchaient guère à apporter quelque chose de positif contre Bozio et ses pareils, ou plutôt contre le *serviteur de Luther* : ils lui ont fait faux bond, et le premier de tous, a été Koestlin [1] !

[1]. Une preuve, en passant, de la « solidité » et de « l'impartialité » du travail de Kœstlin, c'est la conclusion de sa brochure contre Janssen (*Luther et Janssen : le Réformateur allemand, et un historien ultramontain.* Halle 1883). La voici : « De ce que Luther a dit un peu avant sa mort, » nous en avons encore les témoignages écrits : ses derniers » moments surtout, ont été notés, et immédiatement » (l'Historia) : et il ne s'est rencontré *personne encore* qui ait » osé douter de la véracité de ces témoignages. » Et dire que ce sont de pareilles affirmations qu'un professeur d'Université allemande livrait à la publicité en 1883 !

Quiconque veut se faire une idée approximative
de la triste situation où se trouvait le nouvel
« Evangile », même dans les Etats luthériens
comme la Saxe, l'année de la mort de Luther, de-
vra lire la préface que le prédicant Creutziger
met en tête du sermon donné par son maître, en
1544, pour la consécration de la nouvelle église
du château de Torgau. Elle se trouve dans les
œuvres de Luther, (édition de Wittenberg 1561,
tome VII. fol. 566 et suiv.)

Voici ce que dit Creutziger (son sentiment
rapporté après coup, le 1er octobre 1546, était alors
la conclusion de la première édition complète de
Luther) : « Seigneur, heureux ceux qui demeurent
» dans ta maison : ils te loueront à jamais, selon
» le Psaume 84. Cette belle consolation est néces-

» saire à tous les chrétiens, *en ces temps troublés*
» *et pénibles,* pour parer à de grands dangers, aux
» tribulations, aux angoisses, aux besoins qu'en-
» dure chaque jour l'Eglise de Dieu : et surtout
» quand des maux plus grands et plus nombreux
» l'attendent; nécessaire encore, au milieu de ces
» affreuses *catastrophes,* de cette *ruine* presque
» définitive de toute gouverne et de la paix sur
» la terre, qui ne laissent plus au chrétien d'au-
» tre perspective, et d'autre prévision, que l'obli-
» gation, pour le petit troupeau de l'Eglise, de *pé-*
» *rir* à bref délai et avant la fin du monde, sans
» qu'il en doive rester trace nulle part.

» Car nous voyons assez clairement mainte-
» nant, avec quelle fureur la rage du diable se
» manifeste, au point qu'elle prend le dessus d'une
» façon abominable. Le diable s'agite dans le
» monde corrompu, pour y *anéantir* la pure doc-
» trine du Verbe divin qu'enseigne, confesse, et
» reconnaît le petit troupeau. De terribles *châti-*
» *ments* menacent avec force et puissance ce mé-
» pris hautain, prétentieux, maintenant enraciné
» et endurci, cette méconnaissance, *professés par*
» *le plus grand nombre* pour la bienheureuse lu-
» mière de l'Evangile, ce grand bienfait dont Dieu
» nous a comblés de nos jours.

» Et puis, même parmi le petit nombre de ceux
» qui prennent au sérieux la parole de Dieu, l'ai-

» ment, la révèrent, et la conservent dans leur
» cœur pur (comme par le Christ), grande est la fai-
» blesse, l'infirmité qu'ils aperçoivent et observent
» chez les autres. On ne peut compter sur la pro-
» tection humaine, ni sur une sauvegarde, ni sur
» un appui constant et solide, ni sur la concorde. »

Luther avait bien cru qu'il anéantirait la papauté entière, pendant qu'il vivait encore, et qu'il
la remplacerait par son « Evangile. » Aussi, à
mesure qu'il vieillissait, lui fallut-il se convaincre
d'autant, que son entreprise reculait de jour en
jour, et que la cause de la papauté avançait, elle
qui déployait encore toute sa force au concile de
Trente. Aux disputes dogmatiques des théologiens luthériens, dont il ne s'en est pas rencontré
trois pour mettre à la place du symbole de l'an-
tique *Una, Sancta...* une profession de foi actuel-
lement une, répondait le recul moral des confes-
seurs de la nouvelle foi. Ce n'était pas seulement
la nouvelle « Eglise, » que la licence dans la vie
morale et la révolution dans la vie politique ame-
naient au bord du précipice : la patrie allemande
suivait le même chemin. Et si Luther avait encore
une étincelle d'amour patriotique, il devait se dire,
qu'avec le dualisme importé par lui, il avait bou-
leversé, au dedans, son pays jusqu'alors un et
puissant, et qu'il l'avait affaibli au dehors, grâce
aux Français et aux Turcs.

Une fois, à table, on parlait à Luther « du pas-
» sage de Jérémie où le prophète maudit le jour de
» sa naissance », et on lui demandait si ce n'était
pas pécher que de parler de la sorte : il répondit
que « c'était un vrai murmure de Jérémie », qu'il
fallait quelquefois « réveiller » Dieu avec de telles paroles. Il poursuivit : « C'est une chose pé-
» nible d'espérer de tout son cœur le succès, et
» de voir que les œuvres ne réussissent pas. Aussi,
» je ne laisse jamais aller son train à cette pen-
» sée que je souhaiterais et voudrais *n'avoir ja-*
» *mais entrepris cette affaire-là.* Item, j'aimerais
» mieux *être mort* que de voir le mépris de la pa-
» role de Dieu et de ses serviteurs [1] ».

N'est-ce pas la condamnation la plus vigoureuse
de la Réforme, par le Réformateur lui-même?

Outre cette situation universellement désespé-
rée, une autre aussi triste se présenta, où vint
tomber Luther. Où qu'il portât sa vue, il rencon-
trait peines et chagrins. Tout d'abord, à son foyer.

Lui qui avait bravé si *fièrement* le Pape et l'empereur, il plia bientôt sous la domination honteuse
de sa « Catherine ». Il l'appelait, en plaisantant,
son « Maître », pour ne point s'attirer, à son dé-
savantage, les moqueries d'autrui [2]. Ses enfants

1. *Tischreden.* Eisleben, 1569, fol. 185.
2. Les lettres de Luther vers 1520, 1525 se terminent
ordinairement par cette formule : « mea costa, dominus

grandissaient, lui donnaient du souci, d'autant plus qu'ils ne pouvaient être considérés comme nés d'un mariage régulier, selon le *droit civil* d'alors, et qu'ils ne purent être légitimés qu'en faisant fléchir par la violence, la rigueur des principes.

Le plus grand nombre des princes et des nobles devant lesquels il ne cessait de ramper bassement, le méprisa, quand il eut, « avec la parole de Dieu », sanctionné la dépossession des églises et des couvents. De nombreux juristes ne se laissèrent pas émouvoir par les plus horribles injures et les plus abominables trivialités dont il les accablait, et ils ne faiblirent pas jusqu'à légitimer ses enfants, ou à l'admettre dans les affaires civiles : en cela, ils trouvèrent la protection de plusieurs princes protestants [1].

Les démocrates des villes qui, un jour, l'avaient élevé sur le pavois, comme avaient fait les paysans révoltés, la lie du peuple désillusionnée, celle-là même qu'il avait gavée de boue pendant vingt ans, finit par se rassasier de cette nourriture, et commença à se moquer de lui et de sa « famille ». Quelques-uns de ceux qui, autrefois, avaient à

meus, imperatrix mea Ketha, te salutat. » (*Note du Traducteur.*)

1. On verra plus loin que, dans le procès des comtes de Mansfeld, 1546, Luther, pour avoir plus d'influence, intrigua afin de faire déclarer l'incompétence d'un juriste très habile. (*Note du Traducteur.*)

solder une redevance au couvent des Augustins
de Wittenberg, mais qui avaient la même dette à
l'égard de celui qui l'habitait seul alors, s'en rap-
portèrent à la parole de Dieu, et se gardèrent
bien de payer : il arrivait ainsi quelquefois, que
le Réformateur avait encore à faire face aux besoins matériels.

« En juillet 1545 », pour citer Neudecker [1],
Luther « quitta Wittenberg à cause de ses soup-
» çons sur Mélanchton, et de sa faiblesse à résis-
» ter aux peines qu'il lui fallait endurer, comme
» aussi à cause de la vie fâcheuse qu'il s'était faite
» au milieu des femmes de la ville. Il s'était ré-
» solu *à ne plus revenir à Wittenberg*, puisqu'il
» avait écrit à sa femme (après l'avoir laissée
» sans consolation) de vendre jardin, maison, dé-
» pendances, et de se retirer dans son bien de
» Zeulsdorf, en fuyant la Sodome wittenber-
» geoise »; il disait aussi qu'après sa mort, ses
» ennemis ne la souffriraient plus, qu'il ne pou-
» vait plus supporter sa colère et ses déboires,
» qu'il aimait mieux manger du pain mendié, que
» de vivre ses pauvres derniers jours en martyr,
» dans le désordre de Wittenberg, et de les trou-
» bler par la perte de son cher mais pénible tra-
» vail. »

1. Histoire écrite par Ratzeberger, sur Luther et son
temps, par le Docteur Neudecker. Iena, 1850.

Précédemment, en 1539, il avait déclaré une fois, qu'il voudrait bien « *payer un bourreau* » qui lui « *coupât la tête* ». (Tischreden 450 b.) [1]

Dans ses derniers jours, il se plaignait davantage encore de ce qu'il était las du monde, comme le monde était las de lui.

Il disait un jour, à table, que ses deux domestiques, son « famulus » et sa cuisinière, étaient plus heureux que lui et sa Catherine : « Car l'état du » mariage apporte avec lui sa charge et sa sainte » croix ; » « mais, personne » continuait ce malheureux désillusionné, « ne peut être content de » son sort. Quand l'âne se trouve trop bien, il va » gambader sur la glace, et il se casse une jambe » (Tischreden, Eisleben 1569 f. 401. b.)

Quand il eut laissé là « femme et enfants », il ne put pas moins que faire droit aux pressantes remontrances de l'Université, surtout à celles de Mélanchton qui ne voulait plus vivre désormais avec son troupeau, et de l'Électeur qui lui envoyait, à son lieu d'exil, le médecin Ratzeberger, pour le ramener à Wittenberg.

1. Au moment de mettre sous presse, notre auteur, M. Majunke, nous communique cet autre propos : « Si on » nous ôte Christ du ciel (lisez : si notre doctrine ne réus- » sit pas), il ne nous reste qu'à nous pendre au plus pro- » chain arbre que nous rencontrerons » (Tischreden, Eisle- » ben, 1569, fol. 282 b). La chose était aussi facile dans une chambre. (*Note du Traducteur.*)

A en croire l'éloge funèbre prononcé par Bugenhagen (Pomeranus) le 22 février à Wittenberg, « l'homme de Dieu » se serait éloigné plus d'une fois des siens, dans l'année qui précéda sa mort :

« Nous avons eu d'autres signes encore, disait
» le prédicant, que notre cher Père M. Luther
» devait s'en aller pour une meilleure vie : car,
» au cours de l'année qui vient de s'écouler, *il*
» *nous a dit souvent* qu'il désirait se diriger vers
» d'autres lieux ; de fait, cette année, il a changé
» de résidence plus souvent qu'en beaucoup d'an-
» nées précédentes : il est allé dans sa patrie à
» Mansfeld, chez l'évêque de Zeiz, à Merseberg, à
» Halle. »

Plus loin, Bugenhagen nous raconte que Luther, dans les derniers mois de sa vie, lui disait souvent qu'il souhaitait de quitter « cette vallée de larmes, » qu'il « ne pouvait plus rien faire sur la terre », qu'il « n'était plus utile à rien », qu'il ne fallait plus prier pour la prolongation de sa vie.

Avant 1530, Luther avait déjà « prophétisé » de la sorte : « Laissez-nous faire avancer l'Evan-
» gile deux ans de plus, et l'on verra où seront
» Pape, évêques, prêtraille, moines, nonnes,
» messe, frocs, chapes, tonsures et toute la ver-
» mine et la pourriture du régime papiste [1]. »

1. Tom. II jen. germ. fol. 69. a.

Les « deux années » écoulées se renouvelaient sans cesse : et pourtant la papauté devenait plus puissante, plus faible le luthéranisme.

A la fin de sa vie, Luther avouait à Cœlius ce que celui-ci nous a raconté dans son éloge funèbre : « Si je tombais dans les mains du pape ou » de mes contradicteurs, et qu'ils me voulus-» sent faire beaucoup de mal, je suis si faible que » j'y mourrais bientôt. »

Plus tard, il se contentait de « prophétiser » que sa mort à lui, tuerait le Pape :

Pestis eram vivens, moriens ero mors tua, Papa[1] !

Toutes ces illusions, vécues autrefois, perdues et s'en allant au large maintenant, devaient à toute heure grossir au fond de son âme les doutes qui

1. Cette prophétie n'est pas relevée dans l'Historia. Dans l'éloge de Jonas, elle est donnée comme ci-dessus; dans celui de Bugenhagen : « Pestis eram vivus ; mortuus, tua mors ero, Papa. » Voyez plus haut la version de Ratzeberger. A propos de la prophétie sur l'anéantissement de la papauté, voici une remarque de Bozio, dans son premier volume « De signis Ecclesiae » (imprimé en 1592): « Anni, » ex quo id est vaticinatus homo vanissimus, quinquaginta » præterierunt et tantum abest, ut Papae nomen sit dele-» tum, ut potius ejus potestas magis sit intra hoc spacium » temporis amplificata, quam mille et quingentis annis, » quibus Lutherus non fuit. Ad extremos enim terminos » orbis pervenit, intimos Indos pervenit, Antipodas perva-» sit » (p. 416).

l'avaient souvent assailli : ainsi, de savoir s'il était dans le droit chemin, et s'il avait vraiment conduit des millions d'âmes à la sainteté; la rupture constante de vœux solennels prononcés en qualité de prêtre, de moine, de docteur en théologie, son aveu d'avoir voulu abattre un édifice qui avait tenu debout pendant 1500 ans — avec le secours de la providence divine évidemment — sans avoir rien de meilleur pour le remplacer, la confusion ecclésiastique, politique, sociale, produite par son enseignement dans une masse de cent mille hommes, devaient à la fin faire naître en lui les plus terribles troubles de conscience : et sa conscience, en vain cherchait-il à l'étouffer dans le « *fressen* » et le « *saufen* [1], » dans les « tresses » de sa Catherine de Bora, au milieu de ses enfants, qui tous n'étaient que les témoins effrayants de sa chute profonde.

Pour remédier à un pareil état d'âme, il fallait une force morale prodigieuse : il la fallait à Luther pour le tirer de son bourbier... Le Réformateur ne l'avait pas. C'était évidemment là, si nous voulons en voir la cause au point de vue mystique, une conséquence de sa théorie déraisonnable, antichrétienne, de la justification de l'homme.

1. Dans une lettre à Catherine de Bora il se vante de « *fressen* » comme un Bohémien, de « *saufen* » comme un Allemand. (*Note du Traducteur*.)

Avec cette théorie, — un fantôme de théorie, — de la disposition du libre arbitre ou plutôt du serf arbitre vis-à-vis du bien et du mal, il en vint finalement à ce point, *qu'il tenait le diable pour plus puissant que le Dieu tout-puissant lui-même.*

« Priez, disait-il avant sa mort, (selon l'His-
» toria, source non suspecte ici) priez *pour* Dieu
» Notre Seigneur et pour son Evangile, afin qu'il
» lui arrive du bien : car le concile réuni à Trente
» et le misérable pape sont irrités contre lui [1]. »

Voici d'ailleurs une de ses « postilles » au livre de la Genèse XXVIII, 12-14 « Il est également
» vrai de dire, comme je fais, que la plus haute
» divinité est devenue la plus basse créature et le
» serviteur de tous les hommes, *puisqu'elle a été*
» *soumise au diable lui-même* [2]. »

Il se sentait lui aussi, de plus en plus subjugué par le diable.

[1]. Dans l'*Histoire universelle* de Becker, éditée par Lœbell (1837, VII, p. 287), le mot allemand « *für* » a été remplacé par « *zu* » — preuve que le falsificateur ne connaissait ni la théologie de Luther, ni son état psychologique. Le texte : « orate *pro* Deo » parut, dès le commencement, si monstrueux aux amis de la Réforme, que Sleidan (*Commentarii de statu religionis*, 1555) le changeait déjà en : « Orate Deum. » (*Note de l'Auteur.*)

Il faut ajouter qu'aussitôt après la mort de Luther, cette prière bizarre donna lieu à de vives attaques de la part des controversistes catholiques. (*Note du Traducteur.*)

[2]. Edition d'Altenbourg, Tom. IX, fol. 871. a.

En 1533, dans son écrit contre la « Messe privée » (voyez la citation plus haut) il avouait, non
seulement qu'il avait été battu par le diable dans
la discussion, mais en outre, qu'il avait « *bien com-
pris* » comment il arrive après des disputes si ac-
cablantes « qu'on trouve les gens, le matin, morts
» dans leur lit. C'est que le diable, poursuit-il,
» peut tuèr et étrangler les hommes et aussi
» mettre l'âme si fort à l'étroit par ses argumen-
» tations, qu'il faut mourir en un clin d'œil,
» comme j'ai failli l'expérimenter souvent. »

En tenant compte de ces particularités, il ne
faut pas s'étonner que ses amis, desquels il s'en
serait rencontré à peine *un* pour croire à cette
puissance du diable, aient craint que Luther se
donnât la mort quelque jour, et qu'à cause de cela,
ils aient attaché à son service personnel un domestique qui « *devait l'avoir, sous sa surveillance,
au cas échéant* » (der dissfalls auff ihn Hutt haben
sollen) [1].

Cela devint particulièrement nécessaire, lorsque
Luther fit ouvertement connaître que, *souvent, il
était pris de la pensée du suicide*.

Une fois, en 1541, à sa table, le curé de Guben
racontait qu'il était souvent tenté par le démon,
lorsqu'il tenait un couteau à la main, de s'en

[1]. Kraus, *Luther l'Admirable*. Prague 1716, p. 74.

donner un coup, ou lorsqu'il voyait des aiguillées
de fil, de les réunir, et de s'en faire une corde pour
se pendre. Le Réformateur reprit : « *A moi aussi,*
» *il m'arrive souvent, lorsque j'ai pris en main*
» *un couteau, que des pensées mauvaises viennent*
» *m'assiéger pareillement* [1]. » (Tischreden, Eisleben 1563, f. 277. a.)

C'est avec ces dispositions que Luther arriva à
Eisleben en 1546, là même où il était né, où il
avait été baptisé.

C'était là qu'il convenait que toute sa vie si trou-
blée lui revînt à l'esprit, esprit qui n'animait
plus qu'un corps fatigué et déjà fort affaibli ; là
aussi, que le remords, ce remords rongeur des
années précédentes, se prît à redoubler, et à le
mettre à la torture.

Par malheur, l'œuvre de réconciliation qu'il
avait en vue à Eisleben, vint encore à échouer :
encore n'avait-il pas craint d'intriguer, et d'éloi-
gner du conseil des comtes un juriste qui lui était
opposé [2].

Il semble que l'ennemi du genre humain ait

1. Il avoua plus tard, que ses macérations du couvent
n'étaient qu'un « suicide » (Janssen, tom. II, p. 71). Peut-
être y aurait-il succombé, sans ses frères en religion qui
forcèrent la cellule où il s'enfermait, et le gardèrent à vue.

2. Ratzeberger a. a. O. p. 135.

trouvé le moment propice pour jeter Luther dans le *désespoir*.

Il lui apparut sur la fontaine, se tourna vers lui, la gueule ouverte, le raillant de ce que même dans sa patrie, cette affaire, la dernière de sa vie probablement, ne lui réussissait pas, manquée elle aussi comme l'œuvre capitale qu'il avait toujours poursuivie.

Luther fit part à Cœlius de l'espoir qu'il avait que « *Dieu serait encore plus fort que Satan* », mais il le disait déjà « en pleurant », jusqu'à ce qu'il se laissa enfin aller à ce blasphème qu'il fallait *adresser au diable des prières pour Dieu*.

Luther dépourvu de confiance en Dieu, le diable avait beau jeu contre lui.

Et c'est ainsi qu'il est vraisemblable, mais d'une vraisemblance qui jaillit du fond même de la réalité, que l'homme, — celui-là « qui voulait pendre le Pape aux clefs de saint Pierre [1], » — a fini comme l'a raconté son *domestique*, et comme, à

1. Tischreden. Dans le journal de Lauterbach. Dresde 1872, p. 30. Voir aussi fol. 347. b. Aurifaber y raconte qu'un jour Luther apporta à table une gravure représentant le Pape pendu à ses clés, et Judas à sa bourse. Là dessus, le Docteur se mit *à tonner* et à parler de corde, comme souvent après boire : « Le Pape m'a damné, il m'a rôti, il » m'a jeté dans le c... du diable, eh bien, moi, je le pen- » drai à ses clés ! »

bon droit, ont voulu le faire croire à la postérité,
les théologiens les plus éminents et les historiens
des XVIe et XVIIe siècles.

CONCLUSION

Encore que des théologiens illustres, tels que les cardinaux Bellarmin et Hosius, et ceux qui les ont suivis, aient été d'avis que Luther « a rendu son » âme au diable, » il ne s'ensuit pas naturellement que l'Eglise ait prononcé un jugement de damnation, même si le récit publié par Bozio et Sedulius et les autres, repose sur la vérité.

L'Eglise *ne damne personne*, non pas même les excommuniés. Elle abandonne ce jugement à qui de droit, au Dieu infiniment juste. Et si l'Eglise ne damne personne, nul historien ne peut le faire. A dire vrai, l'historien n'a pas à rechercher ce qu'il advient d'une âme *après* la mort ; mais il appartient à la critique historique de connaître ce que cette âme a fait *sur terre*, et aussi *comment* elle a quitté ce monde [1].

1. Le reste de la Conclusion de l'Auteur n'intéressant que le peuple allemand au point de vue religieux, nous nous sommes abstenus de le traduire. Toutefois, il nous est doux de clore ce petit travail par un aveu du pasteur Stœcker, « le second Luther », le sectaire acharné du Culturkampf. Il disait naguère, dans un « Verein » de Brandebourg, qu'avant deux cents ans l'Allemagne serait redevenue catholique. (*Note du Traducteur.*)

APPENDICES

APPENDICE A

DOCUMENTS LUTHÉRIENS

EXTRAITS DE L'ÉLOGE FUNÈBRE PRONONCÉ PAR COELIUS

le 20 février 1546

Après avoir déchargé les seigneurs comtes de Mansfeld, d'avoir occasionné la mort de Luther, Cœlius entreprend de répondre aux bruits:

« Nous voulons maintenant faire et entendre le récit de sa mort. Il n'est pas encore enterré, et il n'y a pas plus d'un jour qu'il est mort: néanmoins, il se rencontre déjà des personnes poussées par l'esprit mauvais, pour prétendre qu'on l'a trouvé mort en son lit. Je ne doute pas certes, que celui qui est menteur dès le commencement, imagine des mensonges en plus grand nombre et plus malicieux encore. Il n'a plus rien à faire avec

le docteur Luther : car Dieu l'a tiré de ses griffes :
plus rien ne lui est possible en cela. Mais, quant
à la doctrine, il peut encore faire son œuvre :
c'est à elle qu'il voudrait nuire. Pour lui répondre,
et pour éclairer les fidèles, j'ai le dessein, en qualité d'ami présent à son trépas, après avoir passé
trois semaines jour et nuit près de lui, de dire la
vérité sur sa mort et de la dire pour Dieu et en
son nom.

» Chers amis, ce n'est pas la nuit dernière que
le docteur Martin a commencé son agonie : il y a
plus d'un an qu'il mourait. C'est-à-dire qu'il pensait à la mort, qu'il prêchait la mort, qu'il parlait
de la mort, et qu'il écrivait au sujet de la mort.
La veille, je transcrivais de son psautier, maints
passages qu'il y avait notés, afin de le consoler.
Il a adoré Dieu et l'a invoqué fréquemment, le
priant qu'il voulût bien le tirer de cette vie au
plus vite et le mieux possible, car il en était las.
Il lui demandait aussi de ne pas gire longtemps
sur ce lit de douleurs. Il disait qu'il était un
homme vieux, épuisé de travail et affaibli. Aussi
répétait-il souvent: « Je ne vivrai plus longtemps »
et même, un peu avant son dernier soupir, il disait encore: « Si le pape ou mes contradicteurs me
» tenaient entre leurs mains et me voulaient met-
» tre à mal, je suis si faible, que j'y succomberais
» bientôt. » Aussi, lorsqu'il se fut préparé à mourir,

Dieu entendit miséricordieusement sa prière et son
gémissement. Après avoir soupé, ici, à Eisleben, et
s'être retiré de la salle à manger dans sa chambre,
le 17 février, vers huit heures, après s'être mis
selon son habitude, à la fenêtre, après avoir fait
sa prière, ce fut vite terminé. Il commença de se
plaindre de souffrances à la poitrine. On le frotta
avec des linges chauds, on lui fit boire de la licorne
râpée, avec du vin. Il se trouva mieux, et se coucha sur son canapé. Il s'endormit jusqu'à ce que
l'horloge sonna dix heures; il se réveilla et demanda
au docteur Jonas, ainsi qu'à moi, car nous l'assis-
tions, pourquoi nous ne nous couchions pas. Nous
répondîmes que nous voulions le veiller. Sur ce, il
se leva, ne se plaignit plus, et s'en alla à son lit.
Sur le bord, il dit : « In manus tuas commendo tibi
» spiritum meum : redemisti me, Domine Deus ve-
» ritatis » c'est-à-dire : « Seigneur, je remets mon
» âme entre vos mains : car c'est vous qui m'avez
» racheté ». Il s'étendit, nous donna le bonsoir,
ajoutant : « Docteur Jonas, et vous seigneur Michel,
» priez *pour* Dieu Notre Seigneur, pour que ses af-
» faires aillent bien, ainsi que son saint Evangile.
» Car ceux du Concile de Trente n'ont pas de bon-
» nes intentions sur eux ». Il s'endormit de nouveau, d'un sommeil naturel et réparateur — impossible d'avoir vu le contraire — jusqu'à une heure
du matin. Réveillé, il appela son famulus pour qu'il

chauffât la petite chambre. Elle avait été tenue chaude. Le malade se dressa, descendit de son lit, et dit : « Oh, docteur Jonas ! j'ai mal : voyez » pour que je demeure à Eisleben ! » En même temps, il retourna à sa chambrette. Sur le bord du lit, il reprit : « In manus tuas commendo spiritum meum : redemisti me, Domine Deus veritatis ». Après s'être promené une fois ou deux en divers sens, dans sa chambrette, il se coucha de nouveau sur son canapé. La maladie augmentait. Encore une fois, nous le frottâmes avec des linges chauds, et ordonnâmes à l'hôtelier d'appeler les médecins, et monseigneur Albert de Mansfeld. L'hôtelier revint aussitôt avec sa femme. Le très savant Docteur Jonas, moi Michel Cœlius, Jean Aurifaber, et le famulus, étions là depuis le commencement. Un médecin arriva, puis l'autre, et ensuite le comte Albert avec sa femme.

» Quand nous l'eûmes frotté, comme je l'ai dit, avec des linges chauds, je lui demandai s'il sentait un adoucissement : « Oui, répond-il, la chaleur » me fait du bien : chauffez-moi des coussins ; l'op- » pression est forte, et cependant le cœur est en- » core sauf. » Et lorsque moi, Michel Cœlius, je vis que sa chemise était mouillée, je lui dis : « Révé- » rend Père, vous avez bien sué : Dieu vous fera la » grâce d'aller mieux. » Il répliqua : « Oui bien, » mais c'est la sueur froide de la mort ; je vais

» mourir, je m'en vais. » Et après que, sur sa demande, on lui eut fait boire du vin, et que le médecin lui eut donné une cuillerée de potion, il
commença de la sorte : « O Dieu, je te remercie,
» toi qui es le Père de Notre Seigneur Jésus-Christ,
» je te remercie de m'avoir révélé ton cher fils, en
» qui j'ai cru, que j'ai aimé, prêché, confessé et
» loué, mais que le Pape et les impies contristent
» et accablent. Mon Seigneur Jésus-Christ, laisse-
» moi te remettre mon âme... etc... » Quand il
sentit que sa fin était proche, il dit par trois fois :
« Pater, in manus tuas commendo tibi spiritum
» meum. » Puis il se tut. Nous le secouâmes, et
le Docteur Jonas lui cria avec moi : « Révérend
» Père, voulez-vous mourir en Jésus-Christ votre
» Seigneur? Voulez-vous reconnaître la doctrine
» que vous avez enseignée en son nom? » « Oui »,
répondit-il ; il se tourna sur le côté droit, et dormit pendant sept à huit minutes. Nous voulions
empêcher ce sommeil, et nous lui frottions le
pouls avec de l'eau-de-vie et de l'essence de rose.
Il était deux heures un quart : nous lui éclairâmes
le visage. Alors il poussa un profond soupir. C'est
ainsi qu'il rendit l'esprit en douceur, en silence,
avec une grande patience. Dieu sait, et nous le
prenons sur notre conscience, et nous en témoi-
gnons en pleine lumière, qu'il est mort de cette
manière *et non d'une autre*. Aussi, l'a-t-on relaté

dans une Historia qui sera imprimée en toute liberté, et à grands frais.

» Si j'ai été si long dans ce récit, c'est que j'ai
voulu fermer la bouche *au diable et à ses bouches
de mensonge*. Que si quelqu'un vient à parler de
cette mort *autrement que je l'ai fait, qu'on n'y
ajoute pas foi*. Moi et d'autres qui y étions, nous
en serons les vivants témoins.

» Tant mieux pour qui veut nous croire : quiconque s'y refuse, peut s'en aller mentir et tromper jusqu'à ce qu'il trouve son juge. Dieu soit béni,
je sais que j'ai rendu témoignage à la vérité. »

. . . .

Pourquoi tant insister sur les récits contradic-
toires? pourquoi tant d'inquiétude, si l'on dit la
vérité? pourquoi tant de protestations, si le fait
a eu beaucoup de témoins?

Le Traducteur.

La veille de sa mort, après avoir soupé et s'être
retiré à sa chambre vers huit heures...

« Luther passa de sa grande à sa petite chambre,
suivi de ses deux jeunes fils, Martin et Paul, et de
Cœlius : il se mit à la fenêtre, selon son habitude,
pour prier. Cœlius sortit, quand Jean Aurifaber
entra. Le docteur Luther dit alors : « J'ai mal :
» ma poitrine se resserre. » Jean dit à son tour :
« Quand j'étais précepteur, j'ai vu que la comtesse
» donnait à ses fils, lorsqu'ils souffraient de la poi-
» trine, de la licorne râpée : si vous le voulez j'irai
» en chercher. » « Oui » fit Luther. Jean se hâta
d'aller retrouver Jonas et Maître Cœlius qui s'é-
taient absentés tous les deux, le temps de dire deux
Pater... Quand nous fûmes montés, Luther se plai-

gnait de la poitrine. Depuis une heure nous le frottions comme on faisait chez lui d'habitude, avec des
linges chauds. Le docteur dit qu'il se trouvait
mieux. Puis, le comte Albert arriva avec Jean
Aurifaber apportant la licorne. « Comment allez-
» vous, cher Docteur? » dit le comte. « Gracieux sei-
» gneur, merci; cela commence d'aller mieux ». Le
comte lui râpa lui-même la licorne, et quand le
Docteur sentit une amélioration, le comte le quitta,
laissant auprès de lui un de ses conseillers, Conrad de Wolframsdorf, avec Jonas, Cœlius, Jean
Aurifaber et Ambroise (le famulus). Sur le désir
du Docteur Martin, on lui fit prendre deux fois de
la licorne râpée dans une cuillerée de vin: et pour
l'y engager, Conrad de Wolframsdorf but lui-même
une cuillérée de ce mélange.

» Le malade se coucha sur son canapé à peu près
vers neuf heures: il dit ensuite : « Si je pouvais
» seulement dormir une petite demi-heure, je crois
» que j'irais mieux. » De fait, il dormit une heure et
demie, jusqu'à dix heures, d'un sommeil doux et
naturel. Nous restâmes à côté de lui, le Docteur
Jonas, Michel Cœlius, Ambroise le domestique et
les deux jeunes fils Martin et Paul. A dix heures
précises, le malade s'éveilla, et dit: « Hé! vous
» êtes encore assis, ne vous couchez-vous pas? »
Nous répondîmes: « Maître, nous voulons veiller
» et vous garder. » Il en fut peiné et quitta son ca-

napé, s'en alla dans la chambre voisine où les fe-
nêtres donnaient plus d'air : il ne se plaignait plus.
Cependant, sur le seuil de la chambre il dit : « A
» la grâce de Dieu, je me mets au lit. In manus tuas
» commendo spiritum meum : redemisti me, Do-
» mine Deus veritatis. »

   » Au lit, (le lit était préparé avec des coussins
chauds) il s'étendit, nous donna la main à tous en
nous souhaitant bonne nuit. Puis il dit : « Docteur
» Jonas et Maître Cœlius, et vous autres, priez
» *pour* Dieu Notre Seigneur et son Evangile, afin
» qu'il lui vienne du bien, car le Concile de Trente
» et l'abominable Pape sont fort courroucés contre
» lui ». Le Docteur Jonas, les deux fils Martin et
Paul, Ambroise et d'autres serviteurs passèrent la
nuit près du malade. Pendant ses vingt-un jours de
maladie, on eut de la lumière toutes les nuits. Cette
nuit-là, la petite chambre fut chauffée. Luther
dormait bien : la respiration était naturelle. Il
dormit jusqu'à ce que l'horloge sonna une heure.
Réveillé, il appela son serviteur Ambroise pour lui
faire chauffer la chambre. Comme on l'avait tenue
chaude toute la nuit, quand Ambroise revint, le
Docteur Jonas demanda à Luther s'il sentait encore
de la faiblesse. « Ah ! répondit-il, comme j'ai mal !
» Seigneur mon Dieu ! Ah ! cher Docteur Jonas, je
» vois que je vais rester à Eisleben, où je suis né
» et où j'ai été baptisé. » Sur quoi, le docteur Jonas

et Ambroise repartirent : « Ah! Révérend Père,
» Dieu votre Père céleste vous viendra en aide, par
» Christ que vous avez prêché ». Il traversa la
grande chambre pour se rendre dans la petite,
mais sans qu'on l'aidât ou le soutînt. Sur le seuil,
pendant qu'il allait au lit, il dit cette parole : « In
» manus tuas, commendo spiritum meum : rede-
» misti me, Domine Deus veritatis. » Il fit quelques
allées et venues, de ci, de là, deux ou trois fois dans
la chambrette, se mit de nouveau sur le canapé,
se plaignant d'oppression à la poitrine, mais le
cœur était encore sain. Sur son désir, et ainsi qu'on
lui faisait à Wittenberg, on le frotta avec des
linges chauds : on lui chauffa des coussins et le
lit. Il trouva que la chaleur lui faisait du bien:
Avant qu'il se fût couché sur le canapé, Maître
Cœlius était accouru de la chambre voisine; derrière lui, Jean Aurifaber. A la hâte on appela
l'hôtelier, le greffier Jean Albert et sa femme,
avec les deux médecins de la ville qui arrivèrent en un quart d'heure. Ils ne demeuraient
pas loin. Vinrent donc, d'abord l'hôtelier et sa
femme, puis Maître Simon Wild, médecin, et
l'autre médecin, le Docteur Ludwig ; aussitôt après,
le comte Albert, avec sa femme la comtesse qui
apportait toutes sortes de racines et de médica-
ments. Elle s'appliqua sans relâche à rétablir le
Docteur Martin par toutes sortes de réconfortants.

Dans ces conjonctures, le Docteur Martin dit:
« Ah! Seigneur Dieu, je souffre, et j'ai peur! Je
» vais mourir. Vais-je donc rester à Eisleben? » Le
Docteur Jonas le consola, ainsi que maître Cœlius:
« Révérend Père, invoquez votre cher Seigneur
» Jésus-Christ, notre souverain Prêtre, unique pré-
» dicateur. Vous avez bien sué, grandement sué.
» Dieu vous fera la grâce d'aller mieux. » Luther
reprit en disant: « Oui, mais c'est une sueur de
» mort: je vais rendre l'esprit, car le mal aug-
» mente ». Il continua: (Suivent quelques prières
et des citations scripturaires).

» Sur ces entrefaites, le Maître médecin chercha
un médicament très coûteux qu'il portait constam-
ment avec lui en cas de nécessité, pour en faire
boire une cuillerée au Docteur Martin Luther.
Celui-ci dit alors: « Je vais mourir, je vais rendre
» l'âme. » Puis, il reprit par trois fois et très rapi-
dement, coup sur coup: « Pater, in manus tuas
» commendo tibi spiritum meum: redemisti me,
» Domine Deus veritatis. » Quand il eut recom-
mandé son âme à Dieu, il commença à se taire, et
se tint tranquille. On le frotta, on le remua, et on
l'appela. Il ferma les yeux, ne répondant rien. La
femme du comte Albert lui frotta le pouls, ainsi
que les deux médecins, avec plusieurs essences
envoyées par la doctoresse Catherine, et dont il se
servait habituellement. Comme il était tranquille,

le Docteur Jonas et Cœlius lui crièrent très fort :
« Révérend Père, voulez-vous mourir en Christ, et
« dans la doctrine que vous avez prêchée? » Il
répondit par un « *oui* » distinct que l'on put entendre. Après quoi, il se tourna sur le côté droit, et se
mit à dormir pendant un quart d'heure, si bien
qu'on aurait pu espérer une amélioration. Mais les
médecins, et tous, nous disions qu'il ne fallait pas
se fier à ce sommeil. Nous l'éclairions et mettions
son visage en pleine lumière.

» Là-dessus, vinrent le comte Jean Henri de
Schwarzenburg et sa femme. Le Docteur Luther
pâlit. Ses pieds, son nez se refroidirent. Il poussa
un profond soupir, doux toutefois, et en même
temps rendit l'esprit, silencieusement, patiem-
ment, sans remuer un seul doigt ni un seul mem-
bre.

» Et, — nous en sommes témoins devant Dieu,
sur notre conscience, — personne n'a pu voir la
moindre agitation, ni tourments corporels, ni les
horreurs de la mort, car il s'est endormi paisible-
ment et doucement dans le Seigneur... »

QUELQUES RÉFLEXIONS SUR L'HISTORIA

1° Luther est mort, non pas sur son lit, comme

un malade, mais sur un canapé (Ruhebett, Faul-
bettlein) ce qui concorde avec le détail fourni
par le « famulus » : « *in lectulum compositus.* »
L'Historia ajoute que le cadavre fut porté du canapé sur le lit. Le « famulus » dit également :
« *ut.. cadaver in lectum collocaremus* ». Selon
l'Historia, ce lit fut aménagé tout près du canapé :
nul inconvénient, car, soit qu'on voulût faire
croire à une mort naturelle dans le lit, soit qu'on
voulût cacher le mauvais état du canapé sali par
les remèdes dont parle le « Civis », l'idée était
assez heureuse, et le stratagème bon à tenter.

2° Autre chose : quand Luther, en 1537, souffrait horriblement de son « calcul », et se croyait
à l'article de la mort, il se confessa à son confesseur de Gotha, Bugenhagen, et en reçut l'absolution. Ici, point de confession, encore que son
confesseur Coelius fût présent, si l'on en croit
l'Historia, et eût passé la nuit à son côté. (Coelius
était confesseur de Luther à Eisleben, selon Fa-
bricius, (*Centifolium Lutheranum,* 1728, p. 497.)
Aussi, Jonas, après avoir terminé sa lettre du 18 février 1546 à l'électeur de Saxe, et même hésité
entre 5 et 4 heures du matin pour la dater, sen-
tait-il le besoin d'ajouter que son maître avait
reçu deux fois, *dans les trois semaines précédentes,*
l'absolution et la communion.

3° Singulier détail : Luther ne pense même pas

à recommander sa femme et ses enfants (dont deux étaient présents, selon l'Historia) à ses amis, comme il l'avait fait, à bon droit, lorsqu'il était malade à Schmalkalde.

4° Inconvénient : plus Luther est oppressé et plus sa respiration devient courte, plus nombreuses aussi sont ses prières et ses citations scripturaires ! Mais peut-on prévoir et prévenir toutes les inconséquences ?

5° Les médecins demeuraient tout près, et on ne les envoie chercher qu'à une heure du matin ! Et pourtant dès 8 ou 9 heures du soir, le malade (?) se plaignait déjà de grandes souffrances à la poitrine !

6° L'Historia ne dit pas à quelle heure Luther est mort. On a pourtant coutume de noter fidèlement l'instant précis où finissent de tels personnages. La lettre de Jonas à l'Electeur est d'ailleurs presque aussi naturellement sincère : « il est mort entre deux et trois heures, environ. » « Environ » est joli. Par contraste, tous les autres détails de cette mort si inattendue ont été relevés comme s'ils eussent été fixés d'avance.

7° Une lettre du 22 février 1546 que Jean de Mansfeld écrivait à Georges de Selmenitz, porte qu'à la mort de Luther, Ambroise le « famulus », et Jonas, arrivèrent « les premiers »; tous les autres vinrent plus tard. Or, l'Historia raconte les faits autrement que ce « témoin oculaire ».

8° Toutes ces frictions dont parle l'Historia pourraient bien être celles que mentionne le « Civis ». Mais elles furent faites sur un cadavre ! D'ailleurs, plus loin dans la partie de l'Historia que nous n'avons pas citée, on avoue qu'on a frotté le cadavre, faisant « tout ce qu'il y a d'humaine- » ment possible. Mais le corps devenait de plus » en plus froid et cadavérique ». C'était bien naturel.

9° Il demeure néanmoins vraisemblable dans l'Historia, (texte complet : nous n'aurions pu tout citer sans fatiguer le lecteur) que la mort a été prompte, que les arrivants ont été étonnés et se sont exclamés, qu'on a transporté le cadavre d'un canapé sur le lit, qu'on a eu l'espoir de voir Dieu céder aux désirs et aux prières des amis en leur faisant « grâce », c'est-à-dire en ressuscitant le suicidé, si tant est qu'ils aient prié. Tous ces détails trouvent leur éclaircissement dans le récit du famulus, le « premier » et véritable témoin, et du « Civis » de Mansfeld.

10° Qu'on ne s'insurge pas cependant, en faveur des serments que les auteurs d'une relation concertée font sur leur « conscience ». Les contradictions inévitables de ces « témoins », ou leurs hésitations en diminuent la valeur : moins toutefois que leur qualité de fidèles disciples de l'intrigant qui leur écrivait en 1530, à l'occasion de la diète d'Augsbourg, cette édifiante protestation « *Si nous échappons à la violence, la paix une fois* » *obtenue, nous corrigerons facilement nos trompe-* » *ries, nos mensonges et nos inconséquences* » (Chytraei *Hist. August. Confess. Francof. 1578, p. 295*). Un moderne disciple, l'historien de Wette, (IV; p. 156), a eu la délicatesse de tronquer ce passage.

Le Traducteur,
d'après *Luthers Lebensende* et *Luthers Testament.*

APPENDICE B

EXTRAIT

DE

SEDULIUS, ORD. MINORUM.

PRAESCRIPTIONES ADVERSUS HAERESES, ANTVERP. 1606.

(CAP. XVIII, §§ 25 26 ET 27.)

Martinus Lutherus, Germaniac totius, immo Europae incendium, caussa et origo turbarum et calamitatum omnium christiani orbis, repentina morte sublatus scribitur ab omnibus qui de morte ejus vel per occasionem meminere, genus mortis tamen non exprimentes. De qua, Friburgi Brisgauiae cum agerem, *a fide digno viro* quid accepi fideliter adscribam, si prius quae apud alios inveni commemoravero.

Tradit haec Surius (« *Commentarius brevis re-*

» *rum in orbe gestarum ab anno Salutis 1500 us-*
» *que in annum 1567, Coloniae 1562* ») in hunc
modum :

« Lutherus litis cujusdam componendae caussa
ab Illustribus Mansfeldensibus Comitibus Islebium,
quae fuit illi patria, honorifice euocatus, eo venit
cum magna pompa tribus stipatus filiis ex prae-
claro monachi et monachae concubitu procreatis.
Obuiam illi missi sunt centum tredecim equites
honoris caussa. Itaque die decima septima Februa-
rii, cum laute et splendide coenatus esset et facetiis suo more hilariter lusisset, eadem nocte sublatus est e medio. Ejus obitus non eodem modo
a Catholicis et Euangelicis id temporis referaba-
tur. Jonas Cocus, qui se Justum Jonam vocat, ejus
morti interfuit, sed ita eam describit, ut apud
cordatos majori cum contumelia quam laude affe-
cisse videatur. Inter alia scribit eum ipsi Jonae
et Coelio et aliis circumstantibus dixisse : « Orate
» pro Domino nostro Deo et ejus Euangelio, ut ei
» bene succedat, quia Concilium Tridentinum et
» abominabilis Papa grauiter ei aduersantur. »….

Ejus quoque precationem supremam recitant in
haec verba : « Pater mi coelestis, Deus et pater
» Domini nostri Jesu Christi Deus totius consola-
» tionis, gratias tibi ago, quod mihi dilectum filium
» tuum Christum reuelasti : in quem credo, quem
» praedicaui et confessus sum, quem laudaui et

» amaui, quem abominabilis Papa et omnes impii
» vituperant, persequuntur et blasphemant. » Et
sic ille mortuus est.

Ceterum haec imperite et mendaciter conficta
credere necesse est, si vera sunt, quae alii de morte
ejus aliter tradiderunt.

Hosius (lib. I *de haeresib.*) certe scribit, cum
vespere bene potus fuisset et hilaris, postridie mane
repertum esse in lecto mortuum, nullum in morte
adfuisse hominem, sed daemonem, qui vitam illi
extorserit.

Joannes Haren affirmat, (*Alan. Cop.* dial. 6. cap.
33), se accepisse a viro, qui erat eo loco, ubi Lutherus mortuus est, Lutherum conspecto diabolo
horribili mortuum esse.

Propius ad verum accedit Thomas Bozius in haec
verba scribens (lib. 23 *de sig. Eccl.* c. 3) : « Lu-
» therus cum uespere laute coenasset ac laetus
» somno se dedisset, ea nocte suffocatus interiit.
» Audiui haud ita pridem compertum testimonio
» sui familiaris, qui tum puer illi serviebat et su-
» perioribus annis ad nostros se recepit, Luthe-
» rum sibimet ipsi laqueo injecto necem miser-
» rimam attulisse : sed datum protinus cunctis
» domesticis rei consciis jusjurandum, ne factum
» diuulgarent ob honorem adjecere Euangelii. »
Sic isti et alii plerique, sic Bozius. Quibus pro-
missa superius a me subjungetur ex scripto.

CUBICULARII CUJUSDAM MARTINI LUTHERI, RELIGIOSE A PIO QUODAM VIRO SUPER EJUSDEM DOMINI SUI MARTINI MORTE INTERROGATI, INGENUA RESPONSIO ET VERA CONFES- SIO :

« Dant quidem calcar ad abrumpendum omnem
» humanae indignationis seu offensae metum et
» ad debitum veritati perhibendum testimonium
» addunt religiosae vestrae preces : sed longe ve-
» hementius eodem me impellit summi Numinis
» Diuorumque omnium reuerentia. Neque enim
» ignoro mirabilibus Dei operibus suam ubique
» tribuendam esse gloriam, meque diuino magis
» praecepto quam humano debere parere man-
» dato. Proinde, licet grauissime interminati sint
» Germaniae Heroes, ne mortalium cuiquam hor-
» rendum domini mei Martini Lutheri exitum·
» eliminarem : non celabo tamen, sed ad Christi
» gloriam reuclabo et ad totius Reipub. Catholicae
» aedificationem propalabo, quod ipse vidi et in
» primis comperi, ipsisque principibus viris Is-
» lebii congregatis enunciaui, nullius odio laces-
» situs nullius amore aut fauore prouocatus. —
» Contigit, itaque cum Lutherus quando inter il-
» lustriores Germaniæ Heroës Islebii genio suo
» largius indulsisset et plane obrutus potu cubi-
» tum a nobis ductus, atque in lectulum foret
» compositus, ut nos ei salutarem quietem pre-
» cati in nostrum abiremus conclaue, ibique nihil

» sinistre vel ominantes vel suspicantes, placide
» obdormiremus. Postridie vero ad dominum
» reuersi, quacum solemus in vestitu operam da-
» turi, vidimus — proh dolor! — eundem domi-
» num nostrum Martinum JUXTUM LECTUM SUUM
» PENSILEM ET MISERE STRANGULATUM. Ad quod sane
» horribile spectaculum suspendii ingenti perculsi
» pauore, non diu tamen haesitantes; ad hester-
» nos ejus compotores et Principes viros prorupi-
» mus eisque execrabilem Lutheri exitum indi-
» cauimus. Illi porro non leviori quam nos for-
» midine perterriti omnia polliceri, multaque ob-
» testari coeperunt: primum omnium, ut rem
» constanti ac fideli premeremus silentio, ne quid
» in lucem proferretur; tum ut expeditum laqueo
» foedum Lutheri cadaver in lectum collocare-
» mus, denique in hominum vulgus spargeremus,
» dominum meum Martinum repentina morte ex
» hac vita discessisse: id quod et precibus illo-
» rum Principum et non secus quam adhibiti Do-
» minico monumento vigiles, amplis corrupti pro-
» missis facturi eramus, — nisi vis quaedam in-
» superabilis veritatis aliud persuasisset : quae
» vel hominum metu seu reuerentia vel lucri spe
» aliquamdiu quidem premi potest, sed exstimu-
» lante religionis, vel conscientiae cestro, in per-
» petuum opprimi non potest. »

Puis, au paragraphe 28, Sedulius rapporte l'a-

necdote des corbeaux qui suivirent les funérailles de Luther. Pour expliquer le fait, à la suite
de Bredembach, il se place au point de vue mystique.

APPENDICE C

EXTRAITS DES ANNALES DE SPONDE

ÉVÊQUE DE PAMIERS, CONVERTI DU CALVINISME

(TRADUCTION COPPIN. PARIS. 1654)

« Quelques-uns ont pensé qu'il avait fait ce livre (l'Abolition des Messes) en conférant avec le diable, et un autre pareillement qui contient le protocole du colloque avec le diable : bien que Luther ne l'aye publié que longtemps depuis, et c'est un trait de la Providence de Dieu que Luther ait escrit et publié luy-même ce mémorable colloque, et qu'il l'aye mis dans le livre de la Messe angulaire et de la consécration des prestres. Chose effroyable par laquelle il reconnaît que luy et ses sectateurs sont disciples du diable, [d'où il ne faut pas estonner si ses écrits sont farcis de tant de brocards,

d'iniures, de calomnies, d'ordures et de blasphèmes... car estant rempli du diable il ne pouuait
vomir que des choses diaboliques, et si parfois il
a escrit quelques bonnes choses le diable en fait
bien autant pour tromper les plus simples » p. 14.

» Ceux qui ont vescu familièrement avec Luther
tesmoignent que cette année (1533) il fut souvent
tourmenté pendant les chaleurs de visions noc-
turnes et de songes horribles, touchant la fin du
monde et le jugement dernier ; et à la fin de la
mesme année l'histoire de la dispute qu'il aurait
eue avec le diable touchant le sacrifice extérieur
et le sacerdoce de la nouvelle Loy fut sceue publi-
quement. Nous en avons déjà parlé cy-dessus, et
Cochlée soldat invincible de la foi escrivit aussitôt
contre, et les hommes en jugèrent diversement,
mais les catholiques en furent grandement con-
firmez en leur Religion, recognoissans de quel
maître Luther avait appris à la combattre » p. 104.

» Certe c'est une chose d'autant plus estonnante
que ces membres pourris et retranchez de l'Eglise
ayent peu subsister, ayant perdu leur chef estran-
ger, le détestable Martin Luther, lequel auoit
ouvert le chemin à tous les schismatiques et hérétiques, de combattre l'union et la doctrine de
l'Eglise, mourut le 18 de février à Islebe, lieu de
sa naissance, où les comtes de Mansfeld, ausquels
appartenoit ce Bourg l'auoient appelé pour ap-

paiser quelque différent. Sa maladie fut bien
douce pour sa briùueté, d'autant que le jour pré-
cédent ayant splendidement disné et soupé à son
ordinaire et la nuit suiuante se sentant pressé de
douleur, il rendit son âme toute infectée d'ordures
et de corruptions entre 2 et 3 heures après minuit, âgé de 63 ans. Sa mort a esté diuersement
descrite par les catholiques qui estoient proches et
dans les harangues funèbres des Protestans.....
Toutes ces relations de la mort de Luther sont
bien différentes de l'Epistre d'un certain de Mansfeld qui s'y trouua, qu'on peut voir dans Cochlée,
lequel remarque que si on considère soigneuse-
ment l'histoire que Jonas a écrite de la mort et
des funérailles de Luther, on reconnaistra aisé-
ment qu'il n'y a eu que de la vaine gloire qu'il a
recherchée ambitieusement durant sa vie. Car
ces funérailles furent magnifiques, son cœur (?)
ayant esté mis dans un cercueil d'estain et mené à
Wittemberg dans un chariot triomphant.... *Luther
est à la vérité péry...*

» Il a esté honoré et l'est encore par les siens
comme un prophète et comme un grand saint, mais
auec des honneurs presque divins. » p. 193 et 194.

« Jean Cochlée, Docteur Théologien a fini son
Histoire à la mort de Luther, ayant encore vescu
jusqu'au dixième de janvier de l'an 1552, qu'il
décéda à Vratislau où il estoit Chanoine estant âgé

de 73 ans, personnage grandement recommandable
pour avoir sans cesse défendu la Foy par ses es-
crits contre Luther et ses partisans et par ses deux
Histoires, l'une de Luther et l'autre des Hussites.
p. 194.

APPENDICE D

ECLAIRCISSEMENTS AU CHAPITRE SUR L'ÉTAT PSYCHOLOGIQUE DE LUTHER

« Le docteur Luther devenu plus âgé éprouva
» peu de tentations de la part des hommes, mais
» le diable, comme il le reconnaît lui-même, allait
» promener avec lui dans le dortoir du cloître, il
» le vexait et le tentait. Il avait un ou deux dia-
» bles qui l'épiaient, et s'ils ne pouvaient parve-
» nir au cœur, ils saisissaient la tête et la tour-
» mentaient. »   *Tischreden. 222.*

« ... Cela m'est arrivé souvent, quand je tenais
» un couteau dans les mains, il me venait de
» mauvaises pensées ; souvent je ne pouvais prier
» et le diable me chassait de la chambre. Car

» nous autres nous avons affaire aux grands
» diables qui sont docteurs en théologie.

Ibid. 220.

» Le diable me serre souvent de si près dans
» la dispute qu'il m'en vient la sueur. Il est éter-
» nellement irrité : je le sens bien, je le com-
» prends. Il couche avec moi plus près que ma
» Catherine. Il me donne plus de trouble qu'elle
» de joie... »

Ibid. 224.

Ukert raconte que Mélancthon et Rorer assis près
de son lit lui parlaient de la joie que sa mort cau-
serait aux papistes. Luther répondit : « Je ne
» mourrai pas encore, je le sais certainement.
» Dieu ne confirmera pas à présent l'abominable
» papisme par ma mort. Il ne voudra pas après
» celle de Zwingli, d'Œcolampade (suicidé, au
» jugement de Luther dans une de ses lettres)
» accorder aux papistes un nouveau sujet de
» triomphe. Satan, il est vrai, ne songe qu'à me
» tuer : il ne me quitte d'un pas. Mais ce n'est
» pas sa volonté qui s'accomplira : ce sera celle
» du Seigneur. » Ukert, tom. I, 320.

« Ma maladie qui consiste dans des vertiges
» et autres choses n'est point *naturelle*. Ce que je
» puis prendre ou faire ne me sert à rien, quoi-

» que j'observe avec soin les conseils de mon mé-
» decin. »   *Tischreden.* 210.

« Je crois que ma véritable maladie c'est la
» vieillesse, ensuite la violence des travaux et des
» pensées, *mais surtout les coups de Satan* : c'est
» ce dont toute la médecine du monde ne me
» guérira pas. » Lettre du 7 novembre 1543.

La très vieille Electrice lui souhaitant 40 ans de
vie : « Je ne voudrais point du paradis, dit-il, à
» condition de vivre 40 ans. Je ne consulte pas
» les médecins. Ils ont arrangé que je devais vi-
» vre encore un an : je ne veux point rendre ma
» vie triste, mais au nom de Dieu manger et boire
» ce qu'il me plaît. »   *Tischreden.* 361-2.

« Je voudrais que nos adversaires me tuassent,
» car ma mort serait plus utile à l'Eglise que ma
» vie. »   *Tisch.* 147.

Deux jours avant sa mort, à Eisleben, comme on
parlait à table de maladie et de mort : « Si je re-
» tourne à Wittenberg je me mettrai dans la bière
» et je donnerai à manger aux vers un docteur
» bien gras. »   *Tisch.* 362.

Le 7 février 1546 il écrivait à sa Kaethe : « Tu
» te tourmentes, vraiment, comme si Dieu n'était

» pas tout puissant et ne pouvait produire, de nou-
» veaux Docteurs Martins par dizaines, *si l'ancien*
» *se noyait dans la Saale ou périssait d'une autre*
» *manière.* »

Dans ses dernières lettres, il s'agit plus souvent
de « *fressen* » et de « *saufen* », de manger et de
boire, du vin de pays, du vin du Rhin, et de bière
« à satiété. »

La tentation du désespoir fut continuelle chez
lui. Il n'est pas superflu de savoir quels remèdes
il lui oppose, et quelle impression il en ressent :
« On peut éteindre les tentations de la chair,
» mais qu'il est difficile de lutter contre la tenta-
» tion du blasphème et du désespoir ! Nous ne
» comprenons point le péché, ni ne savons où est
» le remède. » Lettre du 2 août 1527.

... « Ayant presque perdu mon Christ, j'étais
» battu des flots et des tempêtes du désespoir et
» du blasphème » Ibid. (Voyez Michelet, *Mémoi-*
» *res de Luther*, tom. III, p. 187.)
Contre cette tentation, il faut « penser à quel-
» que chose de gai, boire un coup, jouer, prendre
» un passe temps ».   *Tischreden.* 229.

« Si je tombe en pensées qui ne touchent que
» le monde ou la maison, je prends un psaume

» ou quelques mots de saint Paul, et je dors par
» dessus. Mais celles qui viennent du diable me
» coûtent davantage : je ne puis m'en tirer qu'avec
» une bonne farce. »   *Ibid.* 226.

« On peut consoler les gens affligés de tenta-
» tions en leur donnant à manger et à boire :
» mais le remède ne réussit pas pour tous, sur-
» tout pour les jeunes gens. Pour moi qui suis
» vieux, *un bon coup pourrait chasser les tenta-*
» *tions et me faire dormir un somme...* »

                                   Tisch. 231.

                              Le Traducteur.

APPENDICE E

SENTIMENTS DE QUELQUES HISTORIENS CATHOLIQUES
DU XIXe SIÈCLE, SUR LA MORT DE LUTHER

Cette question historique n'a pas eu au XIXe siècle le même retentissement que dans les siècles précédents, et cela par les raisons développées plus haut (Chap. V). La plupart des historiens catholiques de ce siècle ne s'occupent pas de cette affaire, et se contentent de mentionner d'une façon tout impersonnelle le lieu et la date de la mort. Quelquefois ils reproduisent et agencent des affirmations qu'on ne conteste nulle part.

Voici Moehler, dans son *Histoire de l'Eglise* (éditée par le bénédictin Gams, Ratisbonne 1868) : « A l'occasion d'un conflit survenu entre les com- » tes de Mansfeld, Luther, appelé à Eisleben sa » patrie, en qualité d'arbitre, fut surpris par la » mort, après un court malaise, le 18 février » 1546. »

Döllinger [1], dans son « Esquisse » sur Luther

1. Döllinger avait la prétention d'être un historien « documentaire. » Dans son ouvrage « *La Réforme* » il consacre à la mort de Luther dix lignes seulement, et ne cite, comme sources historiques, que les protestants de Wette et Keil. Son « *Esquisse* » reproduite par le dictionnaire de Wetzer

(Fribourg, 1851) dépeint l'indécision et le découra-
gement de Luther en 1545. Il ajoute : « Il était
» dans ces dispositions, quand la mort le surprit
» le 22 février (date fausse) 1546, à Eisleben,
» où il s'était rendu pour clore un débat des com-
» tes de Mansfeld. »

Ritter, Riffel, Hergenroether[1], s'expriment de la
même manière. En 1836, à Mayence, parut une
traduction de la biographie de Luther, écrite par
Ulenberg. Celui-ci s'était converti du protestantisme à la religion catholique, au XVIe siècle, et

et de Welte, traduit en français par Goschler, donne un catalogue des livres à consulter. L'auteur estime Ulenberg,
mais reproche à Cochlée d'être partial. Ce reproche sans
fondement et sans preuve fait peu d'honneur à Dollinger.
Audin est assez justement apprécié : il lui manque, au
jugement du même, une connaissance suffisante des ouvrages de Luther, de la littérature contemporaine, de la situation de l'Allemagne au XVIe siècle. Les « *Mémoires* de Lu-
« ther » rédigés par Michelet, malgré l'esprit pernicieux
qui les anime, n'ont pas mérité la colère de notre critique.
Ainsi, l'historien, le « *Quellenforscher*, » n'a pas pris la
peine de remonter aux hautes sources sur la mort du
Réformateur. On sait d'ailleurs, que la préoccupation de ne
pas déplaire, a refroidi son amour de la vérité, même historique. C'est ce qui ressort de sa réponse au Pape, en 1887.
(Voyez Reusch. *Lettres et Eclaircissements de Döllinger sur
les décrets du Vatican*. (En allemand). — Le Correspondant, 25 août 1892. Abbé Kannengiesser, *Catholiques Allemands*. (*Note du Traducteur*.)

1. « Il mourut d'une mort tout à fait inattendue », dit le
savant cardinal. (*Note du Traducteur*.)

avait donné sa « Vita Lutheri, » en 1589, à Cologne. Elle se distingue par l'exposé des faits, et la profondeur psychologique. Elle a donc paru un peu avant les ouvrages de Bozio et de Sedulius. En 1589, on ne connaissait pas encore la révélation du domestique de Luther : autrement, Ulenberg, alors curé de Sainte-Colombe à Cologne, aurait fatalement remarqué dans cette ville, l'écrit « sincère » dont parle Petrejus (plus haut, page 49). Aussi Ulenberg suit-il généralement l'Historia dans l'exposé des faits. Mais quant au point capital, force lui est de tenir l'Historia pour un récit de convention. A cela il ajoute que selon d'autres, Luther a été « a diabolo suffocatus. » Puis, il fait cette remarque, que dans cet événement, il a été fait droit aux désirs de Luther lui-même, puisqu'il avait confessé autrefois qu'il « préférait mou- » rir par le diable plutôt que par l'Empereur, » parce qu'alors, du moins, « il serait exilé du monde » par un grand prince. »

Le traducteur de l'ouvrage d'Ulenberg fait bien cette communication dans une version exacte, d'après l'original ; mais il s'abstient de nous dire comment on aurait pu compléter le récit d'Ulenberg par les données de Bozio, Sedulius, et Petrejus.

Alzog, dit dans son *Histoire Ecclésiastique Universelle* (dernière édition revue par lui-même. Mayence, 1872, tom. II, p. 192) : « La mort surprit

» à Eisleben, l'homme qui a désuni les cœurs
» parmi les peuples, rompu les liens des familles,
» et blessé gravement l'Eglise de ses pères, sans
» pouvoir toutefois lui donner le coup de la mort
» comme il l'aurait voulu. »

L'ancien « Irren Anstalts Geistliche » de Vienne,
le P. Bruno Schoen, qui a écrit un livre remarquable : « *Le Docteur Martin Luther jugé au point
de vue psychologique* » (Vienne 1874), se borne
à remarquer au sujet de la mort de Luther, que
l'Historia peint les choses « sous de très belles
» couleurs. »

Janssen, au 3e volume de son « *Histoire du
» peuple allemand* » (Fribourg, 1881), cite le récit
de Ratzeberger que nous avons vu plus haut, depuis l'apparition du diable sur la fontaine jusqu'à
ces mots : « Pestis eram vivus, moriens ero mors
» tua, Papa [1]. » Quant à lui, Janssen continue :

1. Janssen, dont la réputation n'est plus à faire en
France, avait écrit contre le protestantisme avec modération. Il fut cependant mal accueilli des protestants, qui
poussèrent les hauts cris. Stœcker et ses amis, l'ont accusé
faussement de parti pris haineux, car Janssen n'a que trop
épargné Luther. Blessé, il fit quelques réponses à ses adversaires. Dans son « *Deuxième mot à mes critiques,* » il
annonçait un écrit qu'il allait faire sur Luther, écrit plus
développé. Enfin il assura à des personnes dignes de foi,
que s'il lui fallait écrire un « Troisième mot, » il se départirait de toute aménité, et particulièrement, qu'il publierait
ouvertement la façon dont Luther est mort. (*Note du Traducteur* d'après *Luthers Testament.*)

« La nuit suivante, le 18 février, son âme parut
» devant le juge éternel » (p. 538).

Un travail, dirigé contre le jubilé de Luther et
que nous recommandons à tous les protestants,
fait avec un esprit critique et un sens très remarquables des choses psychologiques et positives,
« *L'Eglise ou le Protestantisme?* » (par un théologien allemand, Mayence, 1883), ne rapporte pas
non plus les circonstances les plus voisines de la
mort de Luther, mais on y trouve une excellente
peinture du triste désespoir dont souffrait le Réformateur à partir de 1540.

Quand nous aurons signalé, en passant, un jugement porté sur « l'affreuse » mort de Luther,
dans un roman historique : « *Le fidèle chevalier*
» *Hager et la Réforme*[1] », il ne restera plus qu'un
écrivain, seul entre tous les historiens catholiques,
qui ait serré d'un peu près la question.

C'est l'auteur des *Lettres de Hambourg* (anonyme, Berlin, 1883), qui, lui aussi cette année-là
a écrit ces lettres à l'occasion du jubilé de Luther.
Voici ce qu'il dit : « Pour moi, certainement je
» souhaiterais de tout mon cœur que ce pauvre

---

1. Publié en 1852 : l'auteur est le surintendant général
Guillaume Meinhold ; à la mort de celui-ci, son fils Aurèle,
catholique, curé de Hochkirch en Silésie, continua le livre.
M. Majunke, auteur du livre que nous traduisons, est le
successeur du curé Meinhold à Hochkirch : il a été, de
plus, son exécuteur testamentaire. (*Note du Traducteur.*)

» Luther eût terminé sa vie pleine de remords
» par un repentir sincère, et qu'il fût mort pieu-
» sement en Dieu. Mais que l'on me vienne deman-
» der d'accepter le récit fait par Jonas et Coelius,
» sans compter le reste, comme l'exposé d'un
» événement réel, et de voir dans le réformateur
» endurci un saint moribond, je ne puis m'empê-
» cher de trouver cette douce invite un peu roide.
» Car, moi aussi, je possède une narration de la mort
» de Luther, narration véridique dont j'ai une ga-
» rantie qui a beaucoup plus de valeur à mes yeux
» que les « témoins » Jonas et Coelius, narration
» selon laquelle Luther, pour le rappeler en pas-
» sant, aurait passé la soirée en une sereine « beu-
» verie, » et puis — les serviteurs du comte de
» Mansfeld l'auraient porté dans sa chambre à
» cause de son état d'ivresse : le lendemain ma-
» tin, on l'aurait trouvé mort, *pendu au pied du*
» *lit*. La vérité aurait été cachée par les amis de
» Luther, et l'on aurait fait courir le bruit que le
» grand homme avait fait une mort pieuse et édi-
» fiante [1]. »

1. Jusqu'ici nous avons cité la première édition de « Gott-
» lieb. » Mais voilà soudain que — à la grande joie des feuilles protestantes — des catholiques viennent nous reprocher
de n'avoir pas cité plus au long les « Lettres de Ham-
» bourg. » De vrai, Gottlieb poursuit en disant qu'il ne « fait
» pas fonds » sur le récit qu'il a rapporté plus haut, et dont
tout à l'heure, il avait une « garantie. » Puis, en quelques

Voilà ce que disent les *Lettres de Hambourg* signées « Gottlieb. » Elles se sont attiré une réponse contradictoire intitulée : « *Le Luther de Gott-* » *lieb, et la vérité historique ; document pour ap-* » *précier la véracité et l'honorabilité ultramontai-* » *nes,* » par K. Cropp, Docteur en philosophie, pasteur à Hambourg-Eimsbuttel. (Hambourg, 1883.) Certes, on s'attendait à rencontrer, dans cet écrit, » la vérité » sur la mort de Luther. Mais pourquoi l'historien Cropp, Docteur en philosophie, oublie-t-il de parler de ce fameux « *lit* » du Réformateur [1]?

pages qui suivent, il donne libre cours à ses doutes et à d'autres considérations encore. Soit, mais comme à la fin, il n'indique comme source de tout son exposé que Floremond Raemond — auteur dont nous croyons avoir suffisamment montré l'allure incertaine en cette affaire — en conséquence, nous n'avons pas prolongé la citation.

1. A mentionner encore, parmi ceux qui soutiennent la même thèse que nous, le sympathique Docteur Evers, ancien pasteur luthérien, aujourd'hui catholique, qui, dans sa volumineuse et savante histoire de Luther, confirme les sources et les documents que nous avons donnés, et en tire les mêmes conclusions. Enfin, un prêtre américain vient d'écrire, dans le même sens, plus de cinquante articles, dans un journal hebdomadaire des Etats-Unis. (*Note du Traducteur.*)

FIN